故事伴随成长，榜样激励人生

ZHONGWAI MINGREN GUSHI

中外名人故事

侃侃◎主编

江西美术出版社
全国百佳出版单位

图书在版编目（CIP）数据

中外名人故事 / 侃侃主编 .—— 南昌：江西美术出版社，2017.1（2021.11 重印）
（学生课外必读书系）
ISBN 978-7-5480-4935-7

Ⅰ . ①中… Ⅱ . ①侃… Ⅲ . ①名人—生平事迹—世界—少儿读物 Ⅳ . ① K811-49

中国版本图书馆 CIP 数据核字（2016）第 260636 号

出品人：汤　华
责任编辑：刘　芳　廖　静　陈　军　刘霄汉
责任印制：谭　勋
书籍设计：韩　立　李丹丹

江西美术出版社邮购部
联系人：熊　妮
电话：0791-86566274
QQ：3281768056

学生课外必读书系
中外名人故事　　侃侃　主编
出版：江西美术出版社
社址：南昌市子安路66号
邮编：330025
电话：0791-86566274
发行：010-58815874
印刷：北京市松源印刷有限公司
版次：2017年1月第1版　2021年11月第2版
印次：2021年11月第2次印刷
开本：680mm×930mm　1/16
印张：10
ISBN 978-7-5480-4935-7
定价：29.80元

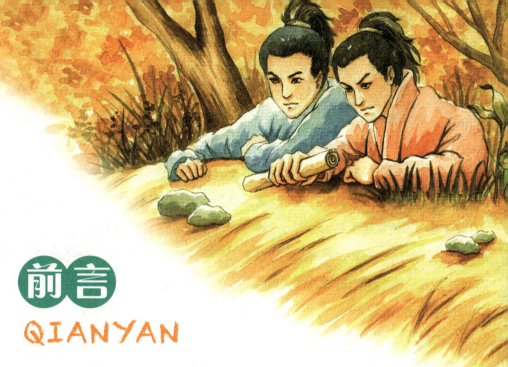

前言

QIANYAN

　　著名的唯物主义哲学家弗朗西斯曾经说过："用伟人的事迹来激励孩子，远胜一切教育。"在孩子单纯的心里，名人头上的耀眼光环会让他们产生一种模仿和崇拜的心理，会让他们不自觉地从思想和行为上去学习和模仿。阅读名人成长故事，可以让孩子们明白这些名人是如何因各自不同的理想、性格而造就不同的际遇和人生，深刻了解名人是如何以他们高尚的情操、坚强的意志、超人的天赋在历史的丰碑上刻下不朽的烙印，从而帮助孩子树立远大的理想，引导孩子培养良好的生活习惯，教育孩子拥有正确的学习态度，使得孩子拥有高尚的思想品质和广泛的兴趣爱好。本书精心选编了古今中外几十位杰出人物的成长、成才故事。这些故事中的主人公，有叱咤风云的政治家，有发明创造的科学家，有妙笔生花的文学家……他们或者志向高远，抱负不凡；或者热爱祖国，公而忘私；或者孝敬长辈，谦恭礼让；或者团结友爱，诚实守信；或者勤学苦练，锲而不舍；或者聪明机智，智力超群；或者勇于探索，善于发现。透过故事，孩子能够看到名人怎样对待困难和失败，怎样对待兴趣和学习，怎样对待亲人和朋友……并受到激励、启发和教益，取人之长，补己之短。

考虑到读者多为青少年，所以本书在语言上更加贴近他们的阅读习惯，通俗易懂，生动活泼，力求用朴实的语言，讲述美妙的故事，揭示出深刻的道理。为了更好地配合阅读，本书还认真选配了近百幅插图，使读者不仅能阅读生动有趣的故事，还能欣赏到精美的插图，更直观地看到故事中真实的场景和栩栩如生的人物形象，如同欣赏一幕幕精彩的动画。

阅读中外名人不平凡的成长经历，能让孩子更加深入地了解每个名人的独特气质和美好品德，树立起正确的人生观和世界观，并在世界名人宝贵的精神遗产中，汲取养料，茁壮成长，做一个善良诚实、坚强勇敢好孩子。

1

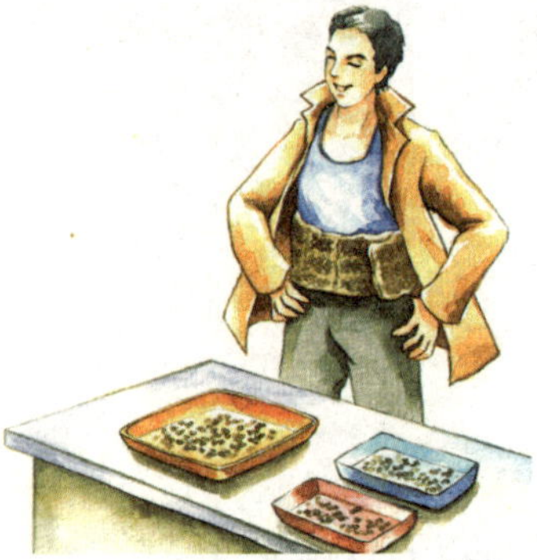

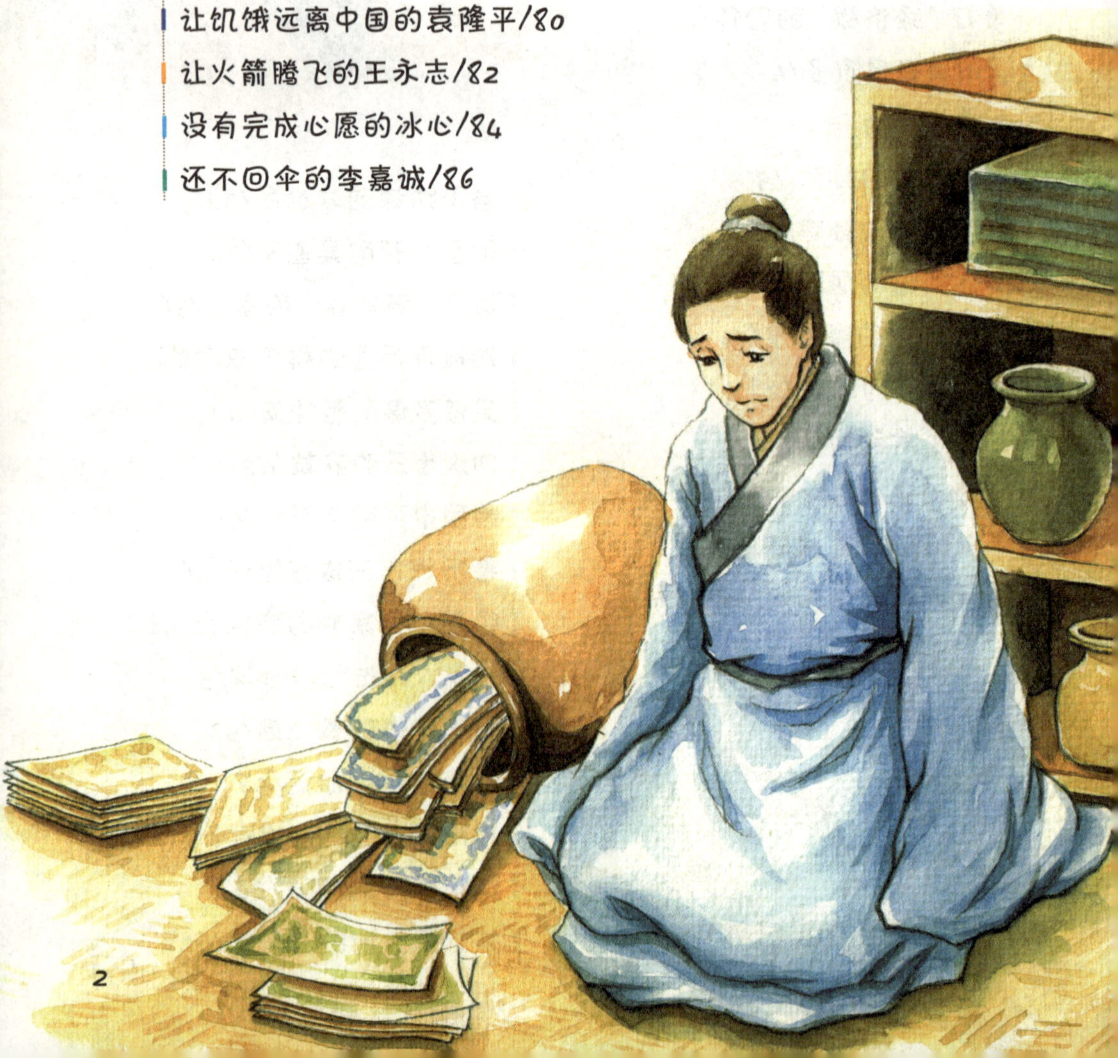

【外国卷】

中国卷

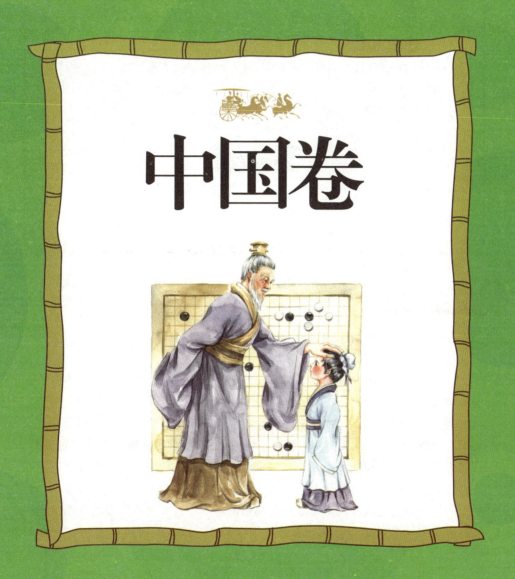

◎ 管 仲 ◎

名人档案

　　管仲，春秋时期齐国政治家。名夷吾，字仲，颍上（今安徽颍上）人。齐桓公即位后，经鲍叔牙推荐，被任命为相。在齐国改革内政，整顿军队，确立选拔人才制度，主张按土地好坏分等征税，使齐国国力大振。又提出"尊王攘夷"的策略，终使齐桓公成就霸业。

名家名言

1.善气迎人，亲如弟兄；恶气迎人，害于戈兵。

2.一年之计，莫如树谷；十年之计，莫如树木；终身之计，莫如树人。

 ◎ 名人故事

善打"经济战"的管仲

　　春秋时期，齐国和鲁国是邻居，表面上友好来往，其实暗地里恨不得一下子将对方吞并。有一天，齐桓公忧心忡忡地对大臣管仲说："现在鲁国发展势头很好啊，照这样下去，它的综合国力总有一天要超过我们齐国，到那时候就麻烦了。爱卿，你可有什么办法限制一下鲁国呀？"管仲胸有成竹地说："这好办，从明天开始，大王和众大臣只穿鲁缟（鲁国生产的一种绢）做的衣服就行了。"齐桓公将信将疑，但最后还是按照管仲的建议去做了。

　　齐桓公和王公贵族们都穿着用鲁缟做的衣服，这一现象立即在齐国引起一股以穿鲁缟为荣的流行浪潮。管仲还下令禁止齐国人织缟，要求所有衣料都要从鲁国进口。这样一来，鲁缟就供不应求了，价格猛增。鲁国人见织缟有利可图，就一窝蜂地织起缟来。管仲还派人张贴公告：鲁国商人给齐国贩来一千匹缟，可以获得三百金；贩来一万匹，可以得到五千金。顿时，鲁国从上到下掀起了"家家纺机响，户户忙织缟"的狂潮，所有鲁国人都沉浸在发财的梦想中。

　　就这样过了一年后，管仲突然下令停止进口鲁缟，任何人不得从鲁国购买

任何纺织品。听到这个消息后，鲁国人全傻了眼，堆积如山的鲁缟再也卖不出去半尺。更糟糕的是，由于鲁国人都忙于织缟，农田全荒芜了，粮食严重短缺，家家户户只能盯着满屋子的鲁缟饿肚皮。鲁庄公实在没有办法，只好派人到齐国去采购粮食。管仲把粮价一提再提，最后几乎把鲁国的国库都掏空了。鲁国受此打击，从此一蹶不振。

对于管仲这种做法，齐桓公赞叹不已，甚至躬下身子，问管仲怎么就想到了这样的妙法。管仲笑道："与其说小臣的方法巧妙，倒不如说是贪心导致鲁国人陷入困境啊。当一个人被眼前的利益所蒙蔽、诱惑的时候，他怎么还能看到更远、更深的利害关系呢？"

之后，管仲如法炮制，又用这种"经济战"击垮了楚国。

齐桓公一直把楚国看成是自己成就霸业的最大敌人，整日里都在琢磨如何削弱楚国，但楚国的军事力量很强，这让齐桓公很头疼。他问管仲："楚国是一个强国，其人民精通格斗的技巧。我们要举兵攻伐楚国，恐怕力不从心。一个楚国就如此麻烦，以后的路该怎么走啊？"管仲却胸有成竹地说："大王您高价购买楚国特产的鹿吧，这一招准管用！"齐桓公尽管并不能深刻理解管仲的计谋，但他还是立即派人到楚国购买活鹿，价格是八万钱一头。

楚王听说了这件事情后，乐不可支地对令尹（宰相）说："金钱是人人都喜欢的，也是国家赖以生存的东西，而鹿不过是禽兽而已，楚国多的是，即使都不要也无所谓。现在齐国出那么多钱来买我们不需要的东西，这是我们楚国的福气啊！老天让齐国这个傻帽儿来便宜我们，太好了！赶快发布命令，让老百姓赶紧捕捉活鹿，尽快把齐国手上的钱换过来！"

管仲还郑重地对来自楚国的"官方营销"人员说："你能给我弄来二十头活鹿，我就赏赐你黄金十斤；弄来两百头，你就可以拿到一百斤黄金了。这样，楚国就算不向老百姓征税，财政收入也够了。"于是，楚国上下都轰动了，无论官方还是民间，男女老少都漫山遍野地去捕捉活鹿。不久，山林中的鹿就被捉光了，于是楚国人就把大批良田毁了种草养鹿。

这时，管仲对齐桓公说："好了，这下我们可以安心地去攻打楚国了！"齐桓公还有些犹豫："这样就行了吗？"管仲回答说："现在楚国国库里有数不清的金钱，但他们忙于捉鹿养鹿，误了农时，毁了良田，粮库里极其空虚，他们一定会去他国收购粮食的，我们去封锁楚国边境就行了。"齐桓公恍然大悟，于是下令封闭与楚国接壤的边境，结果楚国的米价疯涨。楚王派人四处买米，都被齐国截断，逃往齐国的楚国难民占了楚国人口的四成。楚国元气大伤，三年后，就向齐国屈服了。

○ 孔 子 ○

名人档案

孔子，春秋时期思想家、政治家、教育家，儒家的创始人，名丘，字仲尼，鲁国陬邑（今山东曲阜）人。曾任鲁国司寇，后周游列国。晚年收徒讲学，相传弟子有三千人。其学说以"仁"为核心，而"仁"的执行又要以"礼"为规范。主张有教无类、因材施教的教学方法，开办私学。孔子死后，其弟子及其再传弟子把孔子及其弟子的言行语录和思想语录记录下来，整理编成著名的儒家学派经典——《论语》。

名家名言

1.玉不琢，不成器，人不学，不知义。是故，古之王者，建国君民，教学为先。

2.君子坦荡荡，小人长戚戚。

3.三人行，必有我师焉。择其善者而从之，其不善者而改之。

4.学而时习之，不亦说乎？有朋自远方来，不亦乐乎？人不知而不愠，不亦君子乎？

名人故事

勇挑重任的孔子

"娘，娘，你怎么了？"孔子和哥哥放学后一进门就看到母亲直挺挺地躺在灶台边。父亲死了，外公也死了，母亲要是有个三长两短可怎么办啊？孔子的心揪得生疼，恐惧感像乌云一样铺天盖地般压了过来。孔子兄弟二人急切的呼喊声引来了邻居曼家大娘。曼家大娘指挥着两个年幼的孩子把母亲扶到床上，利落地帮她盖上被子，又叫孔子煮了姜汤喂他的母亲喝，足足折腾了一个时辰，孔母才慢慢醒来。

孔母看到孩子们惶恐的样子，顾不得身体的虚弱，起身想给孩子们准备吃的，谁知刚一起身就又晕了过去。其实，家里能有什么吃的呢？这冰天雪地的，草鞋卖不出去，野菜也挖不到，就凭帮邻居拆洗衣物挣的那点儿工钱怎么能填饱两个正在长身体的孩子的肚子呢？

　　孔子看着病床上的母亲，他决心不去上学了，他不能眼睁睁地看着母亲为了他和哥哥这么受罪。身为男孩子，父亲死了，外公也死了，哥哥又有残疾，照顾母亲的责任理应由他来承担，他决心再也不让母亲过这种衣不蔽体、食不果腹的日子了。他知道母亲一直非常希望他和哥哥能够学有所成，做一个像父亲一样的勇士，并且能够像祖父一样光耀门楣，但是现实是他必须得让一家人活命，他决不能再静静地坐在私塾里学习，让母亲过这种贫病交加的日子了。

　　接下来的几天，孔子在照料母亲吃完饭和药后，都像往常一样背着书包出门，但是他没有和哥哥一起去上学，他要去给村里的孙家放牛，他还央求哥哥不要告诉母亲。他安慰哥哥说："我功课好，少上几天课没关系，这事儿要是让母亲知道了可不得了，你可千万不能说。"忠厚老实的哥哥虽然也不想让弟弟退学养家，可是他更担心母亲的身体，更何况自己又是跛足，又能干什么呢？

　　就这样，孔子偷偷跑去给孙家放牛了，但是孔子可不是盲目地找活儿干。

孙家是当地有名的诗书世家，他在给孙家干活儿前就首先谈好了条件，每天放牛的时候他要借孙家的书来看。孙老爷很喜欢这个爱学习的孩子，便爽快地答应了。这样，孔子每天边放牛边看书，野外安静，空气又好，孔子读书读得很用心。他常常边读边想，还用自己看到的、经历的事情去验证书里面的内容，一旦有不理解的，他就抓住机会向人请教。往往一个问题他会求教多个人，这样不同的人对同样一个问题给了他不同的答案，他总能抓住要点，博采众长，这样他的学业一点儿也没落下。

可是世上没有不透风的墙，不久，孔母就知道了儿子没有去上学，却给人家放牛去了。一天晚上，恨铁不成钢的孔母把孔子叫到了面前。她从箱子里取出了一个小木匣，又从木匣里取出一个红色的小包裹，然后郑重地把包裹打开，原来里面是一个精致的小铜鼎。孔母用双手捧着铜鼎递给了孔子，说道："你给我读一下上面的铭文。"孔子不知道家里还有这么一件宝贝，不解地接过这个铜鼎，然后把铜鼎拿到灯下仔细观看，原来上面真有几行小字："一命而偻，再命而伛，三命而俯。循墙而走，亦莫敢余侮。饘于是，鬻于是，以糊余口。"孔子刚念完，孔母就说道："孔门世代贵族，虽然现在落魄了，但是谁敢小瞧我们？如今你忘记自己高贵的出身，去给人家放牛，难道你就这样自甘堕落，不思进取吗？我无论多么辛苦，总盼望你们能够光宗耀祖，可是现在你太让我失望了。你看看这鼎，就如同看到你的先人，你说你对得起自己的祖先吗？"

孔子跪在地上不敢起来，他知道母亲的痛苦。一直以来他从不敢忘记自己的使命和母亲的期望，但是现实生活让他觉得他应该活得更脚踏实地一些，眼界更宽广一些，而不仅仅是用贵族的身份束缚住自己去死读书，苦熬日子。另外，他觉得劳动并不低贱，他在劳动实践中获得的知识比书本里的更鲜活，更实用。但是他没有反驳母亲，他只是坚定地告诉母亲，这个鼎会陪伴他一生，鼎上的铭文一定会鞭策自己一直走下去。

孔子就这样勇敢地承担起了生活给他的重任，并用自己的独特思维判断着自己的道路，所以孔子才会有那么多的收获，才会走得那么从容和坚定。

● 庄 子 ●

庄子，战国时哲学家，名周，宋国蒙（今属河南）人。他继承和发展了老子的学说，是道家的主要代表，与老子合称为"老庄"。他的哲学思想达到了很高水平，对后世影响很大。他的文章想象丰富，富有表现力。庄子及其后学著有《庄子》一书。

名家名言

1.举世而誉之而不加劝，举世而非之而不加沮。

2.哀莫大于心死，愁莫大于无志。

3.君子之交淡如水，小人之交甘若醴。

 名人故事

剑客庄子

　　战国时期，赵国的惠文王爱看击剑，已经到了疯狂的地步，他的王宫内供养着三千多名剑客，日夜搏击个不停，忙得他根本就没时间去管朝堂上的事，这时周围的各个诸侯国可就蠢蠢欲动了。

　　赵国的太子把一千两金子送给庄子，请他前来。庄子问："太子有什么事情吗？为何要赐我千两黄金呢？"

　　太子诚恳地说："先生的大名我早有所闻，一直以来很想去拜访您，可又觉得有些唐突，所以才送上点儿俗物供先生使用。如果先生不肯笑纳，我就是有事相求，也不好意思说了。"

　　庄子见太子说得诚恳，自己也就坦诚相见了。他说："我听说太子想让我去劝谏大王，这件事弄不好会有杀身之祸的。本来我想明哲保身，但太子如此至诚，我也就冒险一试吧。"

　　太子一听，觉得总算有了些希望，就说："大王平时只接见剑客，您怎么才能见到大王呢？"

庄子淡淡地回答说："我会使剑。"

太子疑惑地说："我看见父亲找来的那些剑客都蓬头垢面的，样子很吓人，只会动不动就发火打架，连正经话都不会说，只有这样的剑客我父亲才认为称得上豪侠。您穿着宽袍儒服，恐怕不行。"

庄子笑着说："那就麻烦您给我准备好剑客的衣服吧。"

三天后，庄子穿上太子准备好的服装，然后在太子的引见下，去拜见赵惠文王。赵王早已拔出宝剑在等着呢，一见面就问道："你会击剑，本领如何？"

庄子桀骜不驯地说："说起我的剑法，十步以内随随便便就能击倒一人，在方圆千里之内我也算横行无阻吧。"

赵王一听高兴了，急忙说道："那不是天下无敌了吗？你先下去休息，我马上派人和你一比高下。"不大一会儿，赵王就选好了剑客，并问庄子："你要用什么样的剑呢？"庄子答道："长剑、短剑我都在行。我这里就有三种剑，可以献给大王使用，不知大王喜欢哪种剑？"

赵王一听来了兴趣，说道："好吧！都是哪三种剑？"庄子回答说："我的三种剑分别是天子之剑、诸侯之剑、庶人之剑。"

赵王好奇地问道："天子之剑是什么？"

庄子说："天子之剑用燕国的石城作为剑尖，用齐国的岱山作为剑刃，用韩魏作为剑把，它依据五行的道理来支配天和地。谁要是启用此剑，可以镇抚诸侯，得到整个天下，这是天子之剑。"

赵王听了早已神游万里了，他不知所措地问道："那诸侯之剑又是什么呢？"

庄子神态悠然地说："诸侯之剑是用勇士作为剑锋，用廉洁之士作为剑刃，贤良之士作为剑脊，忠圣之士作为剑环，豪杰之士作为剑把。这把剑也是把好剑，它所向无敌，能顺应四时节气的变化，完成百姓的心愿。若用此剑，那诸侯各自相安无事，天下太平。"

赵王听了，心早有所属，却还是忍不住往下问道："庶人之剑呢？"

庄子冷冷地回答道："庶人之剑便是蓬头垢面，鬓发张扬，只会搏杀，和斗鸡类似，是对国家没有多大用处的剑。现在，大王身处天子之位，不用天子之剑，却用庶人之剑，有些不当啊。"

赵王听完，惭愧万分，他走到庄子跟前，深施一礼。此后，赵王专心于朝政，再也不请剑客玩剑了。

● 孙 武 ●

名人档案

　　孙武，亦称"孙子"，春秋时期军事家。字长卿，齐国乐安人。曾携所著兵书13篇见吴王，被吴王重用。后与伍子胥一起辅佐吴王，实施破楚击越，而后争夺中原之方略，使吴国成为一方之霸。其军事思想丰富而深邃，所著《孙子兵法》是中国军事学的奠基之作。

名家名言

1.兵者，国之大事也，死生之地，存亡之道，不可不察也。
2.用兵之法，十则围之，五则攻之，倍则分之，敌则能战之，少则能逃之，不若则能避之。

 名人故事

棋中求知的孙武

　　孙武很小的时候就常见祖父孙书和父亲孙凭对弈。那方格棋盘上黑白分明的棋子，以及祖父和父亲专注的神情，都给孙武留下了深刻的印象。好奇又淘气的孙武有时摸摸棋盘，有时摸摸棋子，有时干脆抓起一把棋子就跑。慢慢地，他开始留意祖父和父亲的对话，知道了很多关于围棋的知识。他听祖父讲，围棋是尧帝为教育儿子丹朱而发明的。尧的儿子丹朱智力愚钝，品行也不怎么好。尧想了很多办法来教育儿子，但是效果都不理想。后来，尧根据天空中日月星辰的变化，制造了围棋。棋子用黑白两色分开，用以表示阴阳变化。后来，丹朱迷上了围棋，长期对弈，不仅开发了他的智力，也陶冶了他的性情。孙武喜欢听祖父讲故事，他觉得祖父就像一本厚厚的故事书，随时都能翻找到他想听的故事。

　　孙武并不满足于听故事，他还主动学习起下围棋来。一天，在与祖父对弈时，孙武问："爷爷，您和父亲为什么都喜欢对弈？"

　　孙书不假思索地说道："对弈是以智力取胜的一种游戏，在进退、取舍、攻守、纵收当中，主动权全都由自己掌控，而且，对弈和军事上的运筹帷幄、调兵遣将有几分相似，所以我喜欢，你父亲也喜欢。"

　　"那决定对弈输赢最关键的是什么呢？"孙武总是这样一个问题接着一个问题。

　　祖父毫不犹豫地说道："算。决定对弈输赢的关键是'算'，'算'就是对弈的核心，布势运子都是'算'在棋盘上的体现。对弈就如两军对垒厮杀。两军作战，一方主将缺少智谋，没能做出充分的战前准备和通盘考虑就能够战胜敌人的，我还从来没有听说过。对弈也是同样的道理，多算则多胜，少算则少胜，不算则绝无取胜的可能。"

　　祖孙俩对弈的结果自然是祖父取胜了，虽然孙书有意让着自己的小孙子，但是孙武毕竟刚刚开始学下围棋，水平有限，所以输棋是很正常的。

　　当两人分拣棋子，准备开始第二局时，孙武又问："爷爷，哪一种开局算最好的呢？"

　　孙书望着这个问题多多的孙子，笑着说："棋无定式。开局如何落子，那

要看棋手的基本功和对棋局的领悟力。'高者在腹，下者在边，中者占角'。腹中棋路最多，但是很难把握，只有成为高手之后，有了功力才敢这样落子；边地狭浅，较容易进攻，所以初学者一般喜欢走边；而有了些经验的棋手更愿意占角，角虽然不如腹中开阔，但总比边要强一些。这就是'边不如角，角不如腹'。"

孙武想了一会儿，最终还是把棋子落在了角的星位上。

孙书有意让着爱孙，让孙武执黑先走。孙武虽然知道爷爷在让着自己，但还不是很清楚其中的道理。他俏皮地问："爷爷，对弈中获得先手能有什么好处呢？"

孙书马上明白了孙子的意图，笑着说："对弈就好比打仗，谁能够占据先机，谁就有了主动权。'自始至终，着着求先'这一点很重要。谁要是得了先手，那就是得了'势'，就能更好地控制局势，必要的时候'宁丢数子，勿失一先'。不过，你要记住，先手绝不是一成不变的，随着双方攻守的转换，先手也应该不断转换。有的时候为了全局，不得不采用弃子的方法，去别的地方，重新开辟天地，重新占据先手，以取得优势。所以当你看到对手弃小而不就时，就一定要想到对手已经有图大之心了。"

对弈到中局时，孙武忍不住又问祖父："爷爷，中局对弈要注意哪些问题呢？"

孙书不紧不慢地说："中局对弈的时候，千万要注意虚实变化。对弈中随着'势'的转变，常有虚与实的变化。虚的时候容易攻破，实的时候不易攻破。要做到可进而进，知难而退，避实而击虚。同时，还要善于制造假象，用示弱的方法来吸引对手进攻，然后把他包围歼灭。实战中，对一切变化要做到心中有数。"

孙武听了爷爷的话，琢磨了一会儿，疑惑地问道："难道对弈必须要以诈取胜吗？"

孙书看着自己的爱孙，觉得这个孙子实在是太聪明了，他的反应早已超出了常人，想到这里，老人的心中一阵感慨。他极其和蔼地说："兵有王者之兵，有败国之兵。棋有上品之棋，有下品之棋。下品棋举无思虑，动则变诈；上品棋皆沉思而远虑，因形而用权，神游局内，意在子先。棋子虽小，有正道在里面。真正想下好棋，务必要邪正结合，以正为主。"

孙武认真地听着。虽然爷爷这番话他还不是太明了，但是他知道这是爷爷的心得体会，需要自己去品味。那也许要很长时间，花费很多精力，但是他愿意为之付出努力。

　　这一局当然还是孙武输了。孙书抚摩着孙武的头，无限怜爱地说："最后你还要记住一条，下棋与做其他事情一样，需要专心致志，切不可一心二用。"

　　孙武把祖父的话牢牢记在了心里。平时除了看书、习武外，他一有时间就琢磨棋艺，只觉方寸之间，藏有千秋。

　　孙武的棋艺不断进步。终于，父亲孙凭不是他的对手了，祖父孙书有时也会败给他。正是因为孙武这样勤于观察、善于思考，以及刻苦钻研、不断学习，他才具备了卓越的军事才能。同时这也为他撰写《孙子兵法》打下了坚实的基础。

　　可见，生活无小事，处处留心皆学问。

○ 孙 膑 ○

名人档案

　　孙膑，战国时期军事家，兵家代表人物，孙武的后代，著有《孙膑兵法》。孙膑曾与庞涓是同窗，因受庞涓迫害遭受膑刑，身体残疾，后在齐国使者的帮助下投奔齐国，被齐威王任命为军师，辅佐齐国大将田忌两次击败庞涓，取得了桂陵之战和马陵之战的胜利，为齐国实现霸业奠定了基础。

名家名言

1.故善战者，见敌之所长，则知其所短；见敌之所不足，则知其所有余。
2.见胜如见日月。其错胜也，如以水胜火。

名人故事

智斗庞涓的孙膑

　　魏惠王想要寻找一个商鞅式的人才，于是他花了好些金钱招揽天下豪杰。当时有个叫庞涓的魏国人来求见，向他讲了些富国强兵的道理。魏惠王听了挺高兴，就拜庞涓为大将。

　　庞涓的确有些真本领。他天天操练兵马，先从附近几个小国下手，一连打了几个胜仗，后来连齐国也被他打败了。从那时候起，魏惠王更加信任庞涓。

　　庞涓自以为是了不起的能人，可是他知道，他的同窗孙膑，本领比他强。据说孙膑是吴国大将孙武的后代，才能过人，很会灵活运用《孙子兵法》中的计策。

　　魏惠王也听到，有一次就跟庞涓说起孙膑。庞涓便派人把孙膑请来，跟他一起在魏国共事。谁知庞涓心存不良，背后在魏惠王面前诬陷孙膑私通齐国。魏惠王十分恼怒，把孙膑治了罪，在他的脸上刺了字，还对他使用膑刑，剜掉了他的两块膝盖骨。"孙膑"这个名字也正是由此而来。

此时，齐国有一个使臣到魏国访问，于是孙膑借机求助。使者偷偷地把孙膑救了出来，带回齐国。

齐国大将田忌听说孙膑是个将才，就把他推荐给齐威王。齐威王也正在改革图强。他跟孙膑谈论兵法后，对孙膑的才能大为赏识，只恨没早点儿见面。

公元前354年，魏惠王派庞涓进攻赵国，包围了赵国的国都邯郸（今河北邯郸西南）。第二年，赵国向齐威王求救。齐威王想拜孙膑为大将，孙膑忙推辞说："不行。我是个受过刑的残疾人，当了大将，会被人笑话。大王还是请拜田忌为大将吧。"

齐威王就拜田忌为大将，孙膑为军师，发兵去救赵国。孙膑坐在一辆有篷帐的车子里，为田忌出谋划策。

孙膑对田忌说："现在魏国把精锐的兵力都拿去攻打赵国，国内大多是些老弱残兵，十分空虚，咱们不如去攻魏国大梁。庞涓听到了，一定会放弃邯郸，返回去救援。我们在半道上等着，迎头痛击他一顿，准能把他打败。"

田忌就按照这个计策去做。庞涓率领军队此时已经攻下邯郸，忽然听说齐

国打大梁去了，立刻吩咐退兵。刚退到桂陵（今河南长垣西北）地方，正碰上齐国兵马。两下里一开仗，庞涓大败。齐国大军得胜而归，邯郸之围也解除了。

公元前341年，魏国又派兵攻打韩国，韩国也向齐国求救。那时候，齐威王已经死了。他的儿子齐宣王派田忌、孙膑带兵救韩国。孙膑又使出他的老法子，不去救韩国，却直接去攻打魏国。

庞涓收到本国的告急文书，只好退兵赶回去，此时齐国的兵马已经攻进魏国了。

魏国发动大量兵力，由太子申率领，抵抗齐军。这时候，齐军佯装败退。庞涓察看了一下齐军扎过营的地方，发现齐军的营盘占了很大的地方。他叫人数了数做饭的炉灶，足够10万人吃饭用的。庞涓吓得说不出话来。

第二天，庞涓带领大军赶到齐国军队第二回扎营的地方，又数了数炉灶，只剩下供5万人吃饭用的了。

第三天，他们追到齐国军队第三回扎营的地方，仔细数了数炉灶，仅剩2万人吃饭用的了。庞涓这才放了心，得意地笑着说："我早知道齐军都是胆小鬼。10万大军到了魏国，才三天工夫，就逃散了一大半。"于是，他吩咐魏军没日没夜地按着齐国军队走过的路线追上去。

一直追到马陵（今山东郯城一带），正是天快黑的时候。马陵道十分狭窄，路旁边有很多障碍物。庞涓恨不得立刻赶上齐国的军队，就吩咐大军摸黑往前赶去。忽然前面的兵士回来报告说："前面的路被木头堵住啦！"

庞涓上前一看，果然见道旁的树大都倒在了路中央，只留下一棵最大的。细细瞧去，那棵树的一面还被刮去了树皮，上面影影绰绰地写着几个大字，因为天色昏暗，看得并不清楚。

庞涓叫兵士拿火来照，几个兵士点起了火把。趁着火光一瞧，那树上面写的是：庞涓死于此树下。

庞涓大吃一惊，连忙吩咐将士撤退，但已经晚了，四周不知道有多少支箭像飞蝗似的冲魏军射来。一时间，马陵道两旁杀声震天，到处是齐国的兵士。庞涓走投无路，只得拔剑自杀。

原来这是孙膑设下的计策，他故意每天减少炉灶的数目，引诱庞涓追上来。他算准了魏兵会在这个时辰到达马陵，于是预先埋伏好一批弓箭手，吩咐他们只等树下有火光，就一齐放箭。

齐军乘胜大破魏军，甚至把魏国的太子申也俘虏了。

从此以后，孙膑的名气传遍了各诸侯国。他写的《孙膑兵法》一直流传到现在。

◦ 屈 原 ◦

名人档案

屈原，战国时期楚国诗人。名平，字原；又自称名正则，字灵均。初任左徒、三闾大夫，主张推行"美政"，改革政治。后遭旧贵族谗言攻击，被迫辞官。楚襄王时，被放逐沅湘流域，终因国家遭难，理想无法实现，投汨罗江自杀。作品有《离骚》《九章》《天问》《九歌》等篇，开创了"楚辞"这一诗歌体裁，对后世文学具有极大影响。

名家名言

1.沧浪之水清兮，可以濯吾缨。沧浪之水浊兮，可以濯吾足。
2.举世皆浊我独清，众人皆醉我独醒。
3.路曼曼其修远兮，吾将上下而求索。

 **名人故事**

醉心民谣的屈原

屈原是楚国的世袭贵族，但他从小丝毫没有骄横和顽劣之气。他不仅聪明，而且非常勤奋。他每天总是第一个去学堂，最后一个离开，有时天黑了也还没回到家里，这可让家里人有些担心。每次他如果回家晚了，他的姐姐总要跑到学堂去找他。

有一天，天色已经很晚了，可还是不见屈原的踪影，姐姐跑到学堂找他，他竟然不在学堂，这下可把姐姐给急坏了。就连好心的邻居也开始帮着到处寻找。一同上学的小伙伴也都问过了，都说没有看到他。最后姐姐连村外的小河边也找了，还是没有找到屈原。直到后半夜，屈原才自个儿回到了家。家人连声追问他究竟到什么地方去了，他却只是摇头不说，气得姐姐连打他的心都有了，可就是下不了手。

第二天，不等他放学，姐姐就躲到了学堂的附近，她要看看屈原放学后到底要去干什么。

　　放学后，屈原最后一个走了出来，却没有走向家的方向。姐姐就一直远远地、悄悄地跟着他。

　　谁知到了一条小溪旁，屈原一下子就不见了。姐姐走过去仔细寻找了半天才发现，在树藤的后面竟然有一个岩洞。只见屈原在洞里面点好了油灯，正一心一意地诵读手中的书呢。

　　姐姐听了半天才发现屈原读的都是楚国的民歌。姐姐觉得又好笑又可恨，原来弟弟每天放学后并没有到处游玩，而是怕别人打扰，自己躲到岩洞里来学习了，看来他定然是嫌家中太吵闹了才这样做。姐姐安心了，只要弟弟不和人打架，没有疯玩，就让他在这里读书吧！姐姐悄悄地回去了。

　　这一天，屈原又像往常一样放学后没有回家，来到了岩洞里。这里他已经备好了石桌石凳，他喜欢在这里朗诵民歌。

17

只见他时而低声吟咏，时而举目四顾。他的声音仿佛穿越了时光，回到了远古，他听到了那宛如拍岸的惊涛一样的回声。他那澎湃的思绪逐渐安定了下来，开始静静地闭目遐想。

恍惚之中，他看见一个人来到了他面前，此人双手捧着一沓泛黄的竹简，然后郑重地交付给他。屈原赶忙下跪参拜。等到他接过书一看，原来是一部《楚声》，书里面竟然都是楚地民谣。

屈原吃惊地问道："地上发生的事情，神仙怎么会都知道？"他再抬头寻找给他书的人，却什么也没看到，这是怎么回事呢？他茫然地问道："好诗难求，仙人何处？"

话音刚落，屈原发现自己手里的书也没有了。这时屈原听到了一个温婉的女子的声音："真诗人间处处有！"屈原茫然四顾。"仙姑你别走！"屈原急切地喊道，却听不到任何回答。

屈原一惊，从梦里醒了过来，原来他竟然睡着了，这时他发现姐姐站在了他的身边。原来，姐姐今天特意来找弟弟回去，却见弟弟趴在自己搭的石桌上打盹儿，看到弟弟这可爱的模样，她实在不忍心叫醒他，却无意中听见他说梦话，真是又可气又可笑，就随便答了他一句"真诗人间处处有"！屈原愣了半天，才清醒过来。

姐姐一边责备弟弟，一边收拾他掉在地上的书，然后拉着他的手朝洞外走去。

来到洞外，远处山上传来悠扬的山歌和叮叮当当的伐木声。屈原忍不住央求姐姐说："咱们听一会儿山歌再回去吧！"

"河水清哟，波纹像环，栽秧割稻哟你不管，凭什么千捆捆你往家搬……"歌声中的幽怨和不甘重重地敲击着屈原的心。

姐姐记挂着家里的事，山歌虽然好听，吃饭才是最要紧的事，她催促着弟弟，终于把他拉回了家。

屈原太喜欢往山里跑了，几乎每天放学都去，山里面的樵夫、猎户、渔翁、蚕女，甚至巫师和庙祝，都成了他的朋友，都成了他的歌手。他广泛地搜集民间歌谣，然后来到独属于他的岩洞内开始整理、归纳。此时你明白了吧，屈原的诗歌为什么那么受欢迎？这是因为他的诗歌本身就来自于劳苦大众，反映的都是最朴素的民生问题。

● 秦始皇 ●

名人档案

　　秦始皇，即嬴政，秦王朝的建立者，公元前246—公元前210年在位。十三岁时继承王位。亲政后，任用李斯为相，并派王翦等大将进行统一战争。灭六国后，建立中国历史上第一个统一的中央集权的封建国家——秦朝，自称为"始皇帝"。在地方上推行郡县制；统一度量衡、货币和文字；筑长城，修驰道，同时"焚书坑儒"，实行文化专制。

名人故事

刚毅果断的秦始皇

　　嬴政十三岁时继位成为秦王，相国吕不韦开始掌握重权。到二十岁的时候，吕不韦不肯放权，嬴政依然是个傀儡王。

　　当秦王嬴政的胞弟成蛟因为率军攻打赵国中计被困屯留后，吕不韦不但不奏报军情，反而软禁了报急的军使，扣押告急文书，只让成蛟他们固守，同时对朝中众人说一切都很顺利，不用担心。

　　成蛟在内无粮草、外无援兵的情况下苦苦坚守着。他知道朝中有人拦截了自己的告急文书，也知道自己的哥哥到现在都还不知道此刻战士们正在受苦，眼看城中饥饿的士兵已经开始抢吃尸体，心急如焚的成蛟不得不悄悄派人，让他无论如何也要面见秦王，详细地告诉他这里的一切。因为他坚信，即使自己的哥哥还没能亲政，他也一定会想出办法解救自己和这些出征在外的勇士们。

　　深夜里，成蛟派来的亲信终于打通了渠道，辗转见到了秦王，把前方的情况一一禀告了秦王。

　　在前线将士被困多日就要被活活饿死的情况下，吕相依然称前线无战事，这是多么大的谎言啊！秦王打发来使秘密回程，在给弟弟的信中亲笔写道：

　　援军即到。

　　　　　　　　　　　　　嬴政

　　第二天，秦王嬴政高高坐在议事大殿当中，大臣们所奏之事他一句也没有听进去，长久以来，他只是一个摆设。昨夜，报信的人走后，他一夜未眠，认为是该解决国事国权的时候了。

今天他就是要解决这个问题。

调动军队的令符就在母后手中，不亲政，就无法调动兵马，如何救援成蛟，如何把长期以来的政权矛盾解决，他思考了一夜。

"有事早奏，无事退朝。"群臣奏议完毕，司仪官刚想喊"退朝"，秦王却无比坚定地说："慢着！"

众人一惊，从不过问朝事的秦王怎么突然发话了？

只见秦王面向吕不韦问道："前方战事如何？"

吕不韦一惊，但很快就冷静地回答道："屯留被困。臣正要救援。"

看到吕不韦一改往日措辞，秦王知道自己昨夜秘密接见来使的事情他还是知道了。"吕不韦的耳目真多！"秦王内心冷冷一笑。看看大殿之上，吕不韦的心腹虽然把持着各个重要部门，但拥护自己的宗室大臣人数也不少，还是能够一搏的。

秦王提高了嗓门儿问道："你已知屯留被困，为何还不发兵相救？"

朝堂之上一片哗然："屯留被困？前两天不是还一切顺利吗？"

吕不韦看看周围，只得说："我也是刚刚得到战报，正要和太后商议发兵救援。"

"太后还在雍地，救兵如救火，令符即刻作废……"

"可是，这不合礼制……"吕不韦的心腹吕执出列阻止道。

"住口！"秦王猛喝道，"规矩是死的，人是活的。国君既然有权发放令符，当然有权废除。"秦王一改往日软弱之态，不容置疑地说道，其无比威严的神态震慑了所有人。

对秦王的教育和培养，吕不韦从未懈怠过，之所以不放权，更多的是因为不放心，毕竟统一六国也是他一生的抱负。秦王此刻露出了君王应有的本色，他的内心是五味杂陈。

"国尉！"秦王喊道。

"老臣在。"年迈的国尉出列领旨。

"限你两天之内制出新的令符，我要亲自出征。"这个决定太突然了，满朝文武面面相觑，不知如何应对。

"这个万万使不得，按照秦律，除非国家危急，否则，国君是不能亲征的。再说……"

还没等吕不韦说完，秦王就笑着说："相国不必担心，成蛟是我手足，我定

不能辜负了前方将士。"此话说得斩钉截铁，不容反驳。

"长吏。"不等吕不韦再说话，秦王的下一道命令又发出了。

"臣在。"血气方刚的蒙武出列答道。

"令尊是先王托孤重臣，常年征战，积劳成疾，过早离世，卿秉承父志，勤勉有加，今任命你为仆射，今后凡是政令施行之事，必得你和相国共同签署才能生效。"

"遵命。"蒙武高声应道。吕不韦气得青筋暴跳，但是现在的情势已非他能掌控。

"寡人再宣布最后一件事，从现在开始，寡人正式亲政，行冠礼之事待到回师之日再议，退朝！"

就这样，三言两语间，吕不韦权倾朝野的时代就结束了。遇事不慌张，当断则断，努力培养自己的决断能力，这应该是我们从这则故事中获得的启发吧。

● 韩 信 ●

名人档案

　　韩信，西汉军事家。淮阴人。早年家贫，常寄食他家，曾受胯下之辱。秦末参加项羽部队，因不受重用，改投刘邦，被拜为大将军。楚汉战争中，刘邦采纳他的建议，攻占关中。刘邦、项羽在荥阳相持时，他率军袭击项羽侧翼，占据了黄河下游地区，后被刘邦封为齐王。公元前202年，于垓下（今安徽灵璧东南）击败项羽。楚汉战争结束后，他被解除兵权。后被吕后设计诱杀。

名人故事

屈伸自如的韩信

　　韩信小时候，父母双亡，远房的哥嫂收留了他。哥嫂名义上是看他可怜，实际上却是为了把他当成免费的用人，整天让他干活儿。韩信白天在田里干活儿，晚上则躲在屋子的角落里刻苦读书。嫂子是个很刻薄的人，非常讨厌他读书，认为这样浪费灯油。韩信刚开始很感激哥哥嫂嫂的收养，可是慢慢地，他发现了自己处境的尴尬。但是他知道要想改变自己的命运，就得比别人懂得更多，所以他忍受着嫂子的冷言冷语，依旧每夜读书。

　　离韩信的住处不远，有一位给别人当用人的老婆婆。她十分同情韩信的处境，总是想方设法留下一些饭食接济韩信。要知道正在长身体的韩信几乎每天都是饥肠辘辘的，从来没有吃过一顿饱饭，因此韩信由衷地感激老婆婆的一片好心，他真诚地对老人说："我长大了一定要好好地报答您。"

　　老婆婆摸着这个可怜的孩子的头，说："我一个孤老婆子，已经活了这么一大把年纪了，还贪图你一个孩子什么报答，等你长大了，我也入土了。"

　　但是韩信记住了老婆婆的好处。后来，他终于成为汉朝名将，被封为楚王。他立即亲自回乡寻找这位恩人，可喜的是好人有好报，老婆婆历经乱世，竟然还活着。韩信把老人接到自己府上，像对待自己的亲生母亲一样侍奉她。当然，这些都是后话了。

　　待到年纪稍长，韩信已经学有所成，他开始寻找建功立业的机会。这天，一个泼皮无赖正在街上舞枪弄棒，虽然不过是一些不实用的花拳绣腿，但人们最怕得罪这种人，所以都离他远远的。韩信刚到此地，正在寻找机会干一番大事，没想到刚一上街，便被无赖盯上了。这个无赖上前一把拽住韩信说："你站住！就你这柴棒般的小身体还佩剑，趁早把剑扔了吧，别丢人了！"

韩信最不屑和这种人打交道，没理他，只是挣脱了，想走。

见韩信好像有些怕他，此人立刻来了精神。他挑衅道："你是个男的吗？还没打就想溜，别在世上丢人了。如果想活命，就从我的裤裆下钻过去，大爷我就开恩放你走。"

此时的韩信早已熟读兵书，文韬武略已非寻常人可比，别说这么一个无赖，就是十个八个也不是他的对手。但是，想到自己正在寻找真正的豪杰共谋大事，如果因为这种泼皮无赖而惹祸上身，岂不是耽误了正事？此人虽然可恶，毕竟不足以让他费神。他环顾四周，看到人群中还有几个吊儿郎当的人，恐怕是他的同伙。若是在大街上出手教训了这个无赖，恐怕一时难以脱身，闹不好还会惹上人命官司，他岂能因鲁莽而生出事端？

于是，韩信慢慢跪了下去，缓缓从那人裆下钻了过去。这可是天大的耻辱啊！在场的人皆瞠目结舌，不一会儿嘲笑声、指责声就响了起来。当然，这样的结果韩信早已预料到了，他站起身后，拨开众人就忙着寻找赏识自己的人去了。

不久，韩信投奔了项梁的军队，只是他在军营里是个无名小卒。项梁死后他又跟随项羽，尽管有些谋士已经发现了他的才能并向项羽推荐，但他还是没被重用。直到遇到萧何，韩信才算真正开始施展自己的才华抱负。他投奔了刘邦，协助刘邦制定平定天下的方略，并率军开辟北方的战场，先后击破魏、赵、齐、楚，为汉王朝的创建立下了汗马功劳。

◎ 司马迁 ◎

名人档案

　　司马迁，西汉著名史学家、文学家和思想家。字子长，夏阳（今陕西韩城）人。其书为《太史公书》，后称《史记》，是中国最早的纪传体通史。

名家名言

1.不飞则已，一飞冲天；不鸣则已，一鸣惊人。

2.人固有一死，或重于泰山，或轻于鸿毛，用之所趋异也。

3.常思奋不顾身，而殉国家之急。

名人故事

巧训小偷的司马迁

　　夜色渐深，窗外一弯残月孤寂地挂在天上，司马迁放下手中的竹简，双手扶着书案，直起腰，慢慢起身，想站起来活动一下，忽然好像听到了什么动静。有呼吸声？他警觉地抬头向梁上望了一眼，心里顿时"咯噔"一下。唉，看来今夜加班的不止他一人啊。

　　世事艰难，连年的征战让老百姓的生活更为艰辛，自己家也好不到哪儿去，又有什么可偷的呢？司马迁站在窗口深深吸了一口气。他慢慢地转过身走进了内室，把正在熟睡的妻子叫醒，让她把孩子们都叫起来，说他要检查孩子们的功课。

　　不久，妻子就把三个孩子都叫了起来，孩子们睡眼蒙眬的，都闹不清楚发生了什么事情。司马迁有时候会检查孩子们的功课，可从来没有深更半夜地把孩子们叫起来过。

　　来到外屋，只见司马迁早已经把油灯拨亮了些，书案边还放了一把铜质的戒尺，脸色十分凝重。妻子望着司马迁的脸，想从上面探寻出一些端倪，孩子们近日并没有什么大的过错，今天是怎么回事呢？

　　"一郎，背一下'子曰：富与贵……'这一段话。"司马迁严肃地对大孩子说。

　　"是，父亲。"老大司马临望望严肃的父亲，忙打起精神认真地背了起来。"子曰：

富与贵，是人之所欲也，不以其道得之，不处也。贫与贱，是人之所恶也，不以其道得之，不去也。君子去仁，恶乎成名？君子无终食之间违仁，造次必于是。"

"不错！"司马迁点了点头，转向老二说道，"观儿，你也背诵一遍！"

老二司马观平时有些贪玩，最怕的就是背书，刚才听到母亲说父亲要检查他们的功课，他心里就有些打鼓，现在见父亲真的让他们背书，他一下子就蒙了，一句也想不起来了。

只见司马迁用戒尺重重地拍了一下桌案，说道："平时就数你不努力，今后如何做人？一郎，你给他提个醒儿，让他好好听听。"

司马观本来还有些迷迷糊糊，此刻，戒尺的拍打声一下子让他惊醒了。哥哥司马临赶紧低声地提醒道："子曰：富与贵……"

司马观结结巴巴地复述道："子曰：富与贵……""不以其道得之，不处也……""不以其道得之，不处也……"就这样哥哥背一句，弟弟复述一句，终于背完了，司马观出了一身的冷汗。

司马迁看了看孩子们，问道："都明白是什么意思吗？"孩子们点了点头。"我今晚叫你们起来，就是要你们一辈子都要记住这段话。人的一生会遇到很多困难，但一定要分清什么事情能做，什么事情不能做，即使是世道艰难，也绝不可做梁上君子，记住了吗？"孩子们认真地点了点头。就在这时，从梁上跳下来一个人，他伏在地上就对司马迁磕头，并且呜咽着说："谢谢大人教诲，小人一定改过自新，绝不再做这样的事情了。"

原来司马迁让孩子们背书是给这位梁上君子听的呀！司马迁没有把他送到官府，反而让妻子去取了一些衣物和吃的送给了这个人。

◉ 诸葛亮 ◉

名人档案

诸葛亮，三国时蜀汉政治家、军事家，字孔明，琅琊阳都（今山东沂南）人。公元207年，刘备三顾茅庐，请诸葛亮出谋献策，诸葛亮遂提出联孙抗曹、重兴汉室的建议，即"隆中对"。刘备称帝后，任命诸葛亮为丞相。他任职期间，励精图治，赏罚严明，重视水利，改善了同西南少数民族的关系，还曾先后多次出兵攻魏，争夺中原，后病死于五丈原军中。

名家名言

1.夫君子之行，静以修身，俭以养德，非澹泊无以明志，非宁静无以致远。
2.恢弘志士之气，不宜妄自菲薄。

名人故事

勤学的诸葛亮

在跟从水镜先生司马徽学习知识期间，诸葛亮因为非常努力，而且善于思考，所以成绩非常优异，深得先生喜爱。

诸葛亮太爱学习了，他的问题太多，而先生的知识又太渊博，所以一时间诸葛亮恨不得天天不下课，一直能听先生讲课。但是上课总得有个计划，有个规律，毕竟这是给多位学生共同授课，先生不能总给诸葛亮一人讲解太多。所以一到下课的时间，先生说什么也不讲了，诸葛亮怎么求也不管用。这让诸葛亮心里一直闷闷不乐，不知如何是好。

古时候用日晷计时，不过得有太阳才行，如果是阴天或下雨天就比较不方便了。还好水镜先生家喂养的一只公鸡派上了用场：通过定时给公鸡喂食，公鸡的叫声就很有规律。于是，上课的时候，只要公鸡一叫，水镜先生就宣布下课，绝不拖延。

好学的诸葛亮为了多学些知识，总是想尽办法让先生把课往后延长些，可是先生只要听到鸡叫声就立刻下课，绝不拖延。急得诸葛亮真想去求求大公鸡，希望它每天不要叫得那么准时。

绝不轻言放弃的诸葛亮通过细心观察，发现先生的小书童喂鸡的时间很固定，他就猜想：这是不是和鸡叫的时间有关系呢？

于是他偷偷地带了些粮食，上课前就偷偷地喂一些给公鸡。这招儿还真管用，公鸡可能吃得太饱了，也就偷懒不叫了，水镜先生的课也就延长了很多，这让诸葛亮的心里乐得开了花。

这样的日子持续了几天后，水镜先生发现问题了，他把自己的小书童叫到跟前，盘问他是否按时定量喂公鸡了。

小书童一脸无辜地回答道："我一直是按照先生的嘱咐去喂鸡的呀，怎么会出现这种状况呢？"

水镜先生摸着自己的胡子陷入了沉思。

第二天上课的时候，他一脸严肃地问道："我们读的都是圣贤书，学的是仁义诚信……现在，谁能告诉我，公鸡为什么不准时鸣叫了呢？"

学生们都一脸茫然，不知所措。只有诸葛亮心底打了鼓，最后他站起来坦诚地承认了错误，说是自己为了多听课才偷偷喂了鸡。

老先生气得当众呵斥道："你不配在这里读书了，回家去吧！"

诸葛亮没有想到自己为了能多听先生教诲，反而把事情弄到了这样不可收拾的地步。他知道先生现在在气头上，自己说什么先生都不会听的，反复思量后，他觉得还是师母好说话，于是来到先生家，恳请师母为自己多说点儿好话。

师母很喜欢诸葛亮，于是欣然答应试试看。然而水镜先生依然固执地说："他这么小的年纪，不踏踏实实钻研学问，只是一味求快、求多，为了达到这个目的，还要心眼儿欺骗我，这样的孩子心术不正，我怎么还能教他呢？"

夫人恳切地说："他年纪尚小，虽然欺骗了你，但出发点只是为了多听一会儿你的课，和一般世俗之人所求的截然不同，这么长时间的共处，你难道还看不出这孩子的心地怎么样吗？"

水镜先生后来也觉得自己有些过分了，就又留下了诸葛亮，让他继续跟着自己学习。

诸葛亮有了这一次的教训后，知道凡事不可急进，好学也要讲究方法，所以静下心来更加努力认真地学习了。

○ 陶渊明 ○

名人档案

陶渊明，东晋文学家、诗人。一名潜，字元亮，私谥"靖节"，浔阳柴桑（今江西九江）人。曾为江州祭酒、镇江参军，后任彭泽令。因不满当时官员的腐败而辞官，归隐田园，至死不仕。其作品以《归去来兮辞》《饮酒》《桃花源记》《咏荆轲》《读〈山海经〉》等为代表，今存《陶渊明集》。

名家名言

1.盛年不重来，一日难再晨。及时当勉励，岁月不待人。
2.不戚戚于贫贱，不汲汲于富贵。
3.精卫衔微木，将以填沧海。刑天舞干戚，猛志固长在。

○ 名人故事

不畏强权的陶渊明

陶渊明到彭泽出任县令的时候，很想真正为老百姓做些实事。

他的叔父陶逵深知这个侄儿的耿直脾气，怕他这个官又当不长，于是在他上任前特意开导他："彭泽县的政务早就混乱不堪了，那里已经十多年没有认真清查户口了，前几任地方官员都像现在大多数官员一样，不会深察民情，不去做实事。有些麻烦是我们惹不起的，这当中牵扯到多少当地大户的利益，其中的利害关系谁不清楚谁倒霉。你到那儿以后，一定要谨慎从事，千万不要操之过急。我知道你是想有所作为的，可是现在不是大环境不允许吗？一切要从长计议。切记！切记！"

面对叔父的谆谆教诲，陶渊明陷入了深思：现在从上面当官的到下面主事的衙役，大家都抱着睁一只眼闭一只眼的做事态度，只能对软弱的老百姓敲骨取髓，自己真的也要去做这样的人吗？答案当然是否定的。

陶渊明一到任，就开始认真地翻看彭泽县的卷宗，他发现了一个大问题：

彭泽县是个人口大县，也应该是个税收大县，可是却收不上税，百姓也反对交税。他把彭泽县的师爷请到了自己的内堂，开始细细询问彭泽县为什么会出现这样的状况，为什么大家会如此反对交税。

师爷看这位新到的县令不但一点官架子也没有，还对自己这么尊重，于是开诚布公地说道："彭泽县每年每个成年男子都要收地租米五石，这样的税赋实在是太重了，有些土地很贫瘠，根本收不了多少粮食。这样，人们宁可不种也不愿承担地税。还有，老爷你知道，这种地是要看天要收成的。这几年彭泽县气候不正常，不是旱就是涝，辛苦一年下来别说家有余粮了，打下来的粮食连交税都不够。为了逃税，人们只得隐匿人口，这才导致了管理混乱，尤其是一些大户人家明明地多人多，更是隐瞒不报，这样官税更加收不上来。最后衙门只能把欠缺的那部分平摊到普通老百姓头上。您说，这彭泽县能不乱吗？"

经过走访，陶渊明把这里的情况总算了解得一清二楚了，他决定要做的第一件事就是清查户口，从源头抓起。他要改变现状。

陶渊明认为天下混乱不堪，自己身单力薄是无力扭转了，但是在这个小小的彭泽县，至少自己还有能力使它发生一些变化。所以，他带人细细调查，经过明察暗访，掌握了很多实际的数据。下一步就是户主的配合确认。比如说城北的何泰，明明调查的结果是家有良田数百顷，家中成年的奴仆更是达到了几百号人，可是户籍上只写着男丁20人。陶渊明细问了师爷后才明白，何泰的弟弟何隆已经担任浔阳的郡丞多年，而且是太守身边的红人，历任彭泽县令没有一个不小心巴结何家的。师爷在给陶县令介绍这些事情的时候，本以为陶渊明也是怕惹上麻烦才向自己摸底的，他可不知道，陶渊明的计划和师爷的看法正好相反。"擒贼先擒王"，第二天，陶渊明就带着手下直奔何府。

何府的管家根本没把这样的普查当回事。当陶渊明翻开调查名录开始核对时，管家才傻了眼，又是赔笑，又是递红包，最后把自己东家大靠山的名衔都亮了出来，但是这些都不管用，他只好老老实实地配合。当把何府的人员清点完毕，陶渊明发现他们确确实实隐瞒了200多名成年男丁。

这一下，彭泽县可热闹了，仅仅半个月的时间，就查出了当地的豪绅地主隐瞒成年男丁3000多名。初战告捷后，县衙张贴告示，从第二年开始，每个成年男丁所交的税赋由原来的五石降到三石。这让普通的老百姓高兴得眼泪直流，谁能想到彭泽县还真出了一位为老百姓办事的好官。

陶渊明得了民心，却惹恼了郡丞何隆，何隆使了个手段，让督邮刘云惩治了陶渊明。面对污浊的官场，陶渊明只得归隐田园。

◉ 孙思邈 ◉

　　孙思邈，唐代医学家，京兆华原（今陕西铜川耀州区）人。他幼年患病，后来专心学习医术，总结前人的医疗理论和临床经验，编成《千金要方》和《千金翼方》两书。孙思邈医德高尚，对病人不论贵贱贫富，都一视同仁，被后人尊为"药王"。

名家名言

1.多静坐以收心，寡酒色以清心，去嗜欲以养心。观古训以警心，悟至理以明心。

2.善为医者，行欲方而智欲圆，心欲小而胆欲大。

名人故事

用一根丝线诊病的孙思邈

　　唐代贞观年间，长孙皇后怀孕足足十一个月了，不仅没生出孩子来，还茶饭不思，神情恍惚，一病不起了。太医们虽联合诊治，小心用药，这孩子总是不出来，皇后也越来越虚弱，眼看连说话都快没力气了。于是徐懋功向唐太宗推荐了孙思邈。

　　唐太宗一边下令去请孙思邈，一边派人开始着手调查孙思邈是何等人物。不久就有消息传来了。孙思邈，华原县人，平日云游四方采药，为各地百姓治病，一些疑难杂症总能手到病除，病人遇到他就像遇到了神仙一样，定能转危为安，很多地方的老百姓都叫他"药神仙"。得到这样的消息后唐太宗放心了，心想说不定这真是一位神医，那样的话皇后就有救了。

　　孙思邈虽然行踪不定，但是皇帝要找人，那还不是一句话的事，不久，孙思邈就被带到了唐太宗的面前。

　　唐太宗一见到孙思邈，立刻诚恳地说道："听说先生医术高明，如今皇后患病，群医无策，只能烦劳先生治疗，如果能够医好，朕必定重赏。"

中医讲究的是望、闻、问、切，可是在这皇宫里头很难实行。望——外人谁敢轻易抬头看皇后，就算你敢抬头，你也看不见，因为此刻皇后的面前挂着一道帘子，里面看外面清楚，而外面可看不清里面。闻——最多能让你听听声音，可是皇后现在连说话都没有力气，所以也甭想听病人的陈述。

再就是这个"切"字，那就是把脉，"男女授受不亲"听说过吗？想给皇后把脉，那怎么可能？可是，不可思议的是孙思邈竟然做到了。难道皇帝真的肯让他给皇后把脉？不是，唐太宗虽然开明，但还没有开明到这个程度。

孙思邈也没有这个打算。只见他不慌不忙地让太医们把以前开过的方子一一拿来过目，然后又认真地询问了皇后身边的贴身宫女，仔细了解了皇后的近况，最后才让宫女拿来一根丝线，一端系在帘子后面病榻上皇后的手腕上，一端牵出由自己捏着，然后搭指开始诊断。

不久，他就令人收起了丝线，转身回禀皇上说："我已经了解了皇后的病情了，此病可大可小，如果不能得到有效治疗，后果不堪设想，如果诊治及时，大人孩子均会安然无恙。"唐太宗一听有希望，赶紧问："先生，这是什么病？胎儿已过十月，为何还不出生呢？"孙思邈答道："这种现象是胎位不正引起的。只要我给皇后扎上一针即可，无须用药。"

唐太宗和诸位太医都半信半疑，这个大夫虽说口碑不错，可是毕竟是江湖郎中，会不会是在吹牛呢？但是他们又没有更好的办法，只能一试。

孙思邈让宫女把皇后的手放到帘子的附近，然后拿出随身带的银针，在火上烤了一会儿后，以极快的速度扎在了皇后的中指上，众人还没有反应过来，他已经轻轻地把针拔了出来，然后说了一声："好了。"

没过多久，皇后就有了生产的迹象。唐太宗有多高兴，自然不必说了，他下令赏赐给孙思邈黄金千两、绸缎百匹，并且希望他在太医院任职。但是孙思邈更希望能够回到民间去，他说自己有本医书《千金要方》还没有完成，需要考察的东西太多了，不适合在京城久待。就这样，孙思邈没有带走皇帝赏赐的黄金，也没有带走那些华丽的绸缎，一身轻松地继续四海行医去了。

● 李世民 ●

名人档案

　　李世民，唐朝第二位皇帝，即唐太宗。是唐高祖李渊的次子。隋末随父亲起兵反隋，唐朝建立后，被封为秦王。后镇压农民起义军，消灭各割据势力，羽翼渐丰。公元626年，李世民发动"玄武门之变"得到太子之位，后继承帝位。在位时汲取隋亡教训，善于用人，虚心纳谏，并推行均田制、租庸调法和府兵制，完善三省六部制和科举制，使当时社会经济有所恢复，史称"贞观之治"。

名家名言

1.以铜为镜，可以正衣冠；以史为镜，可以知兴替；以人为镜，可以明得失。
2.慨然抚长剑，济世岂邀名。

名人故事

善于纳谏的李世民

　　唐太宗李世民执政时，有一位敢于直言进谏的大臣名叫魏徵，他常把自己的意见毫无顾忌地向唐太宗陈述，当然有些时候他也不可避免地戳到了唐太宗的痛处。但是，唐太宗每次都会认真听取，最终接受了大量的建议。

　　但唐太宗毕竟也是人，有些个人爱好原本是很正常的事。有一次，唐太宗正在后宫把玩外国进贡的鹞鹰，玩得非常开心。远远地，他看到魏徵走来，赶紧把鹞鹰藏到了怀里，心想这个小东西可不能让那个"老顽固"发现。哪知魏徵早就看到了皇帝的动作，就径直走到皇帝近前，直说皇帝这段时间不该贪恋享受，而且是滔滔不绝，没完没了。

　　唐太宗虽然很尊敬魏徵，可是也没有勇气立刻把鹞鹰从怀里拿出来，只得一边应付着魏徵，一边担心着心爱的鹞鹰是不是在怀里闷得快没气了。魏徵终于陈述完了自己对贪恋享受这件事的看法，然后就告退离开了。

　　等到魏徵告退后，唐太宗才慌忙把鹞鹰从怀里取出来，谁知一看，这只可怜的鸟哪儿还有气，早窒息而亡了。唐太宗只得苦笑着说："这个魏徵呀……"

　　随着时间的推移，国家越来越繁盛，魏徵的意见不但没减少，反而日渐增多。魏徵常常在朝堂之上直截了当地说唐太宗哪些地方做得不好，哪些地方又做错了，这可让越来越有成就感的唐太宗不舒服了。

　　有时他气得脸都绿了，可是魏徵却视而不见，依旧照着自己的意思一个劲儿地往下说，吓得其他大臣出了满身冷汗，劝也不敢劝，说也不敢说，只能眼睁睁地看着唐太宗和魏徵两个人在朝堂上争得面红耳赤。

　　有一次，魏徵又一次进谏，唐太宗勃然大怒，拂袖而去。到了后宫，他的气还没消，就对长孙皇后说："哪天我非杀了那个不知好歹的老匹夫！"长孙皇后不用想就已明白肯定是因为魏徵，她却故意问道："是谁这么大胆惹皇上生气了？"

　　唐太宗气鼓鼓地说："还能是谁？除了魏徵敢不把我放在眼里，说我的不是，谁还有这个胆子，这么大逆不道？"

　　长孙皇后是个饱读诗书的智慧型女性，她没有多说什么，悄悄回到了里屋，换上了庄重的朝服，再次出来跪倒在唐太宗的面前。唐太宗有些疑惑地问道："你这是干什么？"

　　只见长孙皇后郑重地说道："帝王身边如果只剩下了阿谀奉承的臣子，那么这个帝王一定不是贤明圣主。如今皇上身边能有魏徵这样敢于直言不讳的大臣，这是一件多么可喜的事情啊！我是来向皇上祝贺的。"

　　这一番话，让唐太宗猛然警醒，是啊，自己留下魏徵并且重用他的原因不就是因为他敢于直言吗？现在怎么忘了初衷，把他的优点看成了缺点呢？看来自己还真是幸运呢，身边有这么多真心实意辅佐自己的人，要不然，自己错了都不知道呢！

　　此后，唐太宗更加鼓励身边的人大胆进谏，那些有顾虑的人看到唐太宗这么明辨是非，也都拿魏徵做榜样了。唐太宗变得更加耳聪目明，因为他多了很多耳朵和眼睛一起帮他采集信息，分析政务了。

　　因为唐太宗善于纳谏，心胸宽广，而且明辨是非，只要是对的就勇于采纳改进，所以才获得了魏徵的信任，才获得了更多谋士大臣的鼎力相助。后来魏徵去世了，唐太宗感慨地说："以铜为镜，可以正衣冠；以史为镜，可以知兴替；以人为镜，可以知得失。现在魏徵走了，我失去了一面可贵的镜子。"

● 吴道子 ●

名人档案

吴道子，唐代画家，后改名道玄，阳翟（今河南禹县）人。曾任瑕丘县尉，后被唐玄宗召入宫中作画，任内教博士。擅画人物、山水、鸟兽、草木、台阁等。画人像衣褶有飘举之势，号"吴带当风"；又好用焦墨勾线，略施淡彩，世称"吴装"新格，为"疏体"代表画家，被尊为"画圣"。

 **名人故事**

细画水花的吴道子

唐朝的时候，有位少年，他没了父母，一个人四处流浪。这天他来到了河北定州城外一处很大的寺庙，就走了进去，这里就是"柏林寺"，这位少年就是吴道子。

吴道子好奇地走进院内，他歪着脑袋往大殿那半掩的门缝里望，结果他看见在昏暗的油灯下有一位年迈的老和尚正在聚精会神地画画。吴道子看了半天不见动静，就大着胆子推门走了进去，他站在老和尚的背后静静地看他画画。

老和尚感觉背后有人，回头一看，呦，这是哪儿来的孩子？而吴道子正用心看画画，并没注意到这些，咦，怎么不画了呢？他这才注意到老和尚正在注视着自己，立刻羞赧地低下了头。老和尚看出这个孩子真喜欢画画，他很高兴，就问道："你喜欢看我画画？"吴道子赶紧点头。老和尚于是转过身来仔细地打量起了这个孩子。他细细地盘问了孩子的身世，知道了来龙去脉后，他抚摸着孩子的头说："你如果真的这么喜欢画画，就做我的徒弟吧。"

吴道子一听，赶紧跪下去磕头。从此，吴道子就在这座寺庙留下了，他每天都跟着师父认真地学画。

这一天，老和尚把吴道子领到了后殿，只见眼前是一面雪白的墙壁。老和尚说："我想在这面墙上画《江海奔腾图》，可是画了很多次都画得不像，这是因为我对江海了解不够。所以我们明天就要离开这里，我带你到大江大海看看。我们会离开寺庙很长时间，你去准备一下吧。"

第二天，他们就出发了，吴道子跟着师父走到哪儿画到哪儿，可是每天画的内容都离不开河水。开始他还认真画，时间长了，吴道子就有些不耐烦了，画起画来也不认真了。

老和尚把他叫到自己的身边，说："我们要想把江河湖海那奔腾万里的气势画出来，就必须下苦功夫。我们要了解每一个水珠的精华，每一朵浪花的神韵。"然后，老和尚让吴道子打开自己随身带的木箱。吴道子惊呆了，只见师父这满满一箱的画稿，竟然没有一张是完整的，那上面全是一个个小水珠，一朵朵浪花，原来师父画的内容和对自己的要求是一致的。

看到师父这样认真地练习着，他很惭愧，知道自己错了。从这一天开始，吴道子收神敛性，认真地拜眼前的大江大海为师，即使是风雨中，他也要打着伞细细观察，他对于每一朵浪花都力求把握准确。

三年的时光转瞬即逝，吴道子和师父也返回了寺院。师父在准备开始画壁画的时候，竟然病倒了，吴道子看着师父落寞的神情，他跪下来，真诚地恳求道："师父，我来画这幅《江海奔腾图》吧。"此时的吴道子还只是个十五六岁的孩子，却这么勇敢地挑战这么巨大的作画任务，老和尚从内心里感到欣慰，回想这三年来吴道子的努力，就答应了。吴道子从走进后殿开始画《江海奔腾图》，整整 9 个月都没有走出殿堂，他投入了全部精力进行创作。

终于，在一个深秋的午后，吴道子走出了后殿，他跪倒在师父面前说："师父，《江海奔腾图》已经画好了，我来请您去看看。"老和尚一听，病好像全好了似的，他沐浴更衣，领着全寺院的人来到后殿观赏。吴道子轻轻地推开后殿大门，刹那间，只见波涛汹涌，大水扑面而来！这时有个和尚大喊了起来："天河决口啦！天河决口啦。快跑！"话音没落，他就已经跑出了好远。老和尚站在大殿门口，仰天大笑，他大声说：《江海奔腾图》成功啦！"

柏林寺的这幅《江海奔腾图》引起了全国轰动，前来观看的人络绎不绝。吴道子也因此名扬天下，但是成名后的吴道子丝毫不敢懈怠，更加用心画画，终成一代大家。

◉ 李 白 ◉

名人档案

李白，字太白，祖籍陇西成纪。李白一生绝大部分时间是在唐玄宗统治的盛唐时期即开元、天宝年间度过的。在李白流传下来的900多首诗中，大部分鲜明地表现了他对封建权贵的蔑视，对腐朽政治的揭露，对人民疾苦的同情和对祖国壮丽山川的赞美。李白的诗歌自然、明快，飘逸潇洒，而其中又以七言歌行与七言绝句最为突出。

名家名言

1.弃我去者，昨日之日不可留。乱我心者，今日之日多烦忧。

2.抽刀断水水更流，举杯消愁愁更愁。

3.人生在世不称意，明朝散发弄扁舟。

 **名人故事**

慎写"黄鹤楼"的李白

江南有三大名楼，黄鹤楼就是其中之一。因为黄鹤楼独特的地理位置和文化背景，所以来到此地参观的文人墨客都喜欢写下自己比较得意的诗篇。可是，偏偏有个人例外，那就是李白。

众所周知，李白是唐朝最有名的诗人，然而就是这位最有名的诗人却拒绝在黄鹤楼上题诗，理由是他认为自己没有好诗。这可真是奇怪了！谁不知道，李白是一个狂妄孤傲的大诗人，这是怎么回事呢？

这天李白来到了名冠天下的黄鹤楼。只见他撩起自己的长衫，登上了顶楼，眺望着那滚滚东去的长江水，不禁心潮澎湃，诗兴大发。

可就在他转身想为黄鹤楼题诗的时候，他一抬头，看见了正厅当中的大匾上镌刻着崔颢写的《黄鹤楼》。李白顿时来了兴趣，举目细读："昔人已乘黄鹤去，此地空余黄鹤楼。黄鹤一去不复返，白云千载空悠悠。晴川历历汉阳树，芳草萋萋鹦鹉洲。日暮乡关何处是？烟波江上使人愁。"

这首诗写得太好了，它由传说入笔到最后抒发感情，既包含人世苍茫的感慨，又有着浓浓的乡愁。他凝神注视良久，感觉这首诗写得真是无懈可击，若让自己写肯定达不到这种效果，看来自己以前还真是有些目空一切了。其实，世间还有很多精妙的诗歌是自己不曾拜读到的呢。感叹之余，他写诗的冲动就收敛了起来。

但是黄鹤楼的主人却备好了笔墨纸砚，静静地恭候在李白身旁。谁不知道李白是难得的大诗仙，看来黄鹤楼上又要有一首好诗了。

"先生，请！"主人润好了笔，亲手捧着，就等李白接过笔。可是，出乎意料的是，李白笑着摆了摆手说："眼前有景道不得，崔颢题诗在上头。"

李白不愿题诗？这怎么可能？在如此有名的黄鹤楼上难道诗人不想留下自己的墨宝？主人再次盛情相邀道："先生乃当世诗坛奇才，还请为此楼留下一些诗文吧。"

李白笑着说："我虽是诗人，却非圣人。黄鹤楼上有了如此精绝的崔诗，我若再写，也不会高明多少，还是不献丑了。"说罢，这位"天子呼来不上船"的狂傲诗人转身下楼离开了。

然而，李白虽然离开了，但是崔颢写的《黄鹤楼》还是盘踞在他的脑海里。他觉得崔颢构思的方法很巧妙，自己不妨也来尝试一下，于是他套用崔诗的构思写下了《鹦鹉洲》："鹦鹉来过吴江水，江上洲传鹦鹉名。鹦鹉西飞陇山去，芳洲之树何青青。烟开兰叶香风暖，岸夹桃花锦浪生。迁客此时徒极目，长洲孤月向谁明？"可是李白很不满意这首诗，他觉得自己没能写出像崔诗一样的神韵，反复思考后，又写了《登金陵凤凰台》："凤凰台上凤凰游，凤去台空江自流。吴宫花草埋幽径，晋代衣冠成古丘。三山半落青天外，二水中分白鹭洲。总为浮云能蔽日，长安不见使人愁。"

李白沉吟道："这一首明显就好多了。"

跟随李白的小书童迷惑地说道："先生，黄鹤楼的主人那么求着让你写你不写，这鞍马劳顿中你怎么又想起写诗了呢？"

李白看着眼前的江水，缓缓说道："崔诗无懈可击，我在仓促之间去写很难超越。现在好好品味崔诗的精妙，取其精华为我所用，我这是在学作诗。我绝不会把我认为不好的诗歌随便送人去求取虚名，那不是我。"

后来，李白又仿照崔颢的诗写了很多首诗，最后终于有一篇让他感到非常满意，那就是《送孟浩然之广陵》："故人西辞黄鹤楼，烟花三月下扬州。孤帆远影碧空尽，唯见长江天际流。"看来，李白不在黄鹤楼上题诗，也是对自己的一种鞭策呢！

◎ 柳公权 ◎

名人档案

柳公权，唐代书法家，字诚悬，京兆华原（今陕西耀州区）人。元和进士，官至太子少师。工楷书，与颜真卿并称"颜柳"。书法骨力劲健，结构紧凑。有碑刻《玄秘塔碑》等存世。

名人故事

知耻而后勇的柳公权

阳春三月，温暖的阳光照在刚刚穿上新装的树枝间，斑斑驳驳的树影投射到地上，几个七八岁的孩子正在树下比赛写字。

一个虎头虎脑的小男孩手里拿着一只特大号的狼毫笔神气十足地说道："大家瞧好了，我要写一个顶天立地的'大'字，看谁能超过我。"说着，他就在自己面前雪白的宣纸上大书特书了一个"大"字。写完后还帅气地把笔往旁边一扔，小眼睛往上一翻，一副天下唯我独尊的模样，好像他真的是天下第一，再也没有人比他写的字更好。

恰好这时，有位卖豆腐的老人挑着担子走了过来，看到了这一幕哈哈大笑了起来，笑得这些孩子们莫名其妙，他们齐声问道："老伯伯，难道您写的字比我们的好？"

老伯伯收起了笑容，正色道："我只是个卖豆腐的，并不会写字，可是我走南闯北的，这字可看得不比你们少，所以字好字坏我还是能够分得清楚的，你们写的字啊，就像我卖的豆腐一样，没有筋骨，软塌塌的，看着没精神。"

其中那个虎头虎脑的小男孩叫柳公权，他可是很自负的，现在竟然有人说他的字没有精神，他不服气了，问道："你说你见多识广，那你说说谁比我们的字写得好，也让我们见识见识。"

老伯伯笑着捋了捋胡须说道："比你们几个字写得好的人还真不少，如果你们真想开眼界，就到华原城去看看吧，那儿的大街上有个人用脚都比你们用手写的字好。"听老伯伯这么一说，几个孩子都说老伯伯在吹牛，哪有人用脚写字比别人用手写字还好的。可是，老伯伯却不再多解释，挑起他的担子，伴着清脆的梆子声走了。

小男孩们一下子失去了比赛的兴致，大家纷纷收起了笔墨，玩别的游戏去了，只有柳公权念念不忘："真有人能用脚写字，还比我写得好？我一定得去看看。"

在华原城的南大街边有棵高大的槐树，槐树下围着一群人，不时有人发出惊叹声。小公权踮着脚，伸着脖子还是看不到里面的人，他费了好大的劲才挤到了里面，只见一个没有双臂的人，坐在树下，他左脚压着纸的一边，右脚夹着笔，正在全神贯注地写着一副对联，他笔下的字遒劲有力，字字传神，仿佛万马奔腾般扑面而来。随着作品的完成，人们有的啧啧称奇，有的竖起了大拇指。

小公权这才如梦方醒，他想起昨天自己和小伙伴们的比赛，觉得脸有些发烧。这时，他竟然忘记了自己是在大街上，俯身便拜："老人家，柳公权愿拜先生为师，先生可否传授我写字的方法？"

这位写字的残疾人看着眼前的这个少年淡淡地一笑，放下笔，抬了抬下巴，示意柳公权起来，然后他摇了摇头，说："我哪敢称先生，我不过是个卖字为生的人罢了，不敢称先生的。我比你年长，就送你几句话吧。"他熟练地用脚重新铺好了纸张，写道："写完八缸水，墨染池水黑；博取百家书，笔尽千家意。""孩子，这就是我写字的方法，我用了50年的时间还没完成自己的目标，学习的路还很长呢！"

此后，柳公权再也不敢轻易夸口自己的字天下第一了，而是认真地练字，不论寒冬还是酷暑，从不间断。他还虚心地向当时的书法名家学习，不断修正自己的字体，终于形成了自己的风格，成为一代书法大家。

◎ 范仲淹 ◎

名人档案

　　范仲淹，北宋政治家、文学家。字希文，苏州吴县（今属江苏）人。年少时家贫，学习刻苦。仁宗时任西溪盐官，修建捍海堤堰，世称"范公堤"。1040年任陕西经略副使，防御西夏进攻。1043年任参知政事，推行新政。后遭保守派反对，被罢去执政。他工于诗文，著有《范文正公集》。

名家名言

1.不以物喜，不以己悲。居庙堂之高，则忧其民；处江湖之远，则忧其君。
2.先天下之忧而忧，后天下之乐而乐。

名人故事

足智多谋的范仲淹

　　北宋时期，西夏进扰延州，皇帝想收复失地，便开始重用范仲淹，让他带兵前去支援。

　　范仲淹带领着宋军火速来到了绥州，原来的延州禁军指挥使狄青此时正退守在这里，他主动请战："末将愿为先锋，阻断夏军与各城池之间的交通要道，然后将军带领大军轮番攻城，不怕攻打不下来。"

　　范仲淹摆了摆手说："狄将军急于收复城池的心情我可以理解，但是硬打硬拼却不可取。如果你带兵阻断对方各个交通要道，那么会因为战线太长而容易被对方的后援击破，再说我军长途奔波太过疲劳，也不宜久战。我听说吐蕃正在攻打西夏的南边，这对于我们来说是再好不过的机会，我们不如再等等。"

　　狄青听后心内有些着急，却因为自己丢了城池不敢多说。

　　晚上，范仲淹派人把大将韩琦和狄青悄悄找来，对韩琦说："我想带几个人好好勘测一下附近的地形，为了不打草惊蛇，希望你代我主持军务，对外就说我水土不服，身染重病，暂不攻城。另外让军医住到我的住处来，不得外出，

每天开出假
药方，让人照方
抓药。这样敌军必
然信以为真，麻痹大
意，就会抽出兵力去支援
正在吃紧的南边，我们再趁
机袭击延州。"

　　他转而对狄青说："将军对地形比较
熟悉，就和我一起去吧！白天人多嘴杂，恕
我没有和将军细说，还请体谅。"

　　狄青此时才明白范仲淹的苦心，不由得暗暗佩服眼前的
这位大人，觉得他确实非同一般。

　　韩琦说："还是末将和狄青去吧，这里离敌营太近，您可是一军之主，怎么
能置身险境呢？"

　　范仲淹神情庄重地说："先人开疆辟土何等艰辛，我作为主将，更应该熟悉
地形，了解敌情，知己知彼才能百战不殆。大家就按我说的去准备吧！"

　　狄青和韩琦对范公的敬佩之情更深了，英雄惜英雄，能和范大人一起为国
家效力，他们由衷地感到自豪。

　　宋军一边放出假消息，一边休整军队。不出几天，果然有探马回报，敌军
已经分兵南去了。

　　这天晚上，范仲淹带着狄青和几个士兵扮成采药的山民悄悄离开了驻地，
他们攀缘山崖，隐身山林，开始详细地察看四周地形。大家的手、脸、衣服都
被刮破了，可是心里却很高兴，因为他们不仅绘制了附近最为精准的地形图，
还偷偷察看到了敌营的布防情况，这个收获实在是太大了。

　　回到军营后，范仲淹立刻召集众将商议军情。他说道："离营三十里的地方，
有一处峡谷，谷内宽的地方可以容纳上万人，窄的地方却只能通过一辆粮车，
我计划在那里伪造一个粮仓，设下岗哨，隔几日就从谷中往军营运粮，诱敌来
烧我们粮草，我们暗设伏兵，等鱼上钩，怎么样？"

　　将士们高兴地说："好，就这么办！"

　　不久，敌军果然上钩了。敌将带兵前来焚烧粮草，被宋军困在了谷底。敌
军主帅李元齐命人拿着他的兵符回去调兵，被早有准备的宋军截获。一切都如
范仲淹所料，战事进行得很顺利，他们轻轻松松地就把失地一举夺了回来。

◎ 苏 轼 ◎

名人档案

　　苏轼，北宋文学家、书画家，字子瞻，号东坡居士，眉州眉山（今属四川）人，与父苏洵、弟苏辙合称"三苏"。苏轼才情奔放，在诗、词、文、书、画、文艺理论方面均有独到成就，名列"唐宋八大家"之一。其文汪洋恣肆，明白畅达。其诗清新豪健，善用夸张、比喻，在艺术表现方面独具风格。其词于风格、体制上皆有创变，清雄旷放之作尤新人耳目，词风开豪放一派，对后代很有影响。有《东坡乐府》。

名家名言

1.古之立大事者，不惟有超世之才，亦必有坚忍不拔之志。
2.人有悲欢离合，月有阴晴圆缺，此事古难全。但愿人长久，千里共婵娟。

 名人故事

助人为乐的苏轼

　　苏轼在杭州任通判时，有一天坐堂，一个穿戴华丽的商人呈上一张状子。苏轼接过一看，上面写着："原告人吴小一，状告张二欠钱不还一事。"他便问吴小一道："张二欠你什么钱？"

　　吴小一回答说："他去年春天借了小人绫绢钱二万，欠条上写明三个月内归还，至今已满一年，分文未还，恳请大人做主追还。"

　　苏轼命差役马上把张二传来审问。不多时，张二带到。苏轼一看，原来是一个面容瘦削、衣衫褴褛的老头儿，不觉动了怜悯之心。他和颜悦色地问道："吴小一状告你欠他绫绢钱二万，可有此事？"

　　张二恭谨地回答说："欠他二万是真的。"

　　苏轼又问道："既然是真的，为何过期很久，仍未还钱？"

　　张二面现愁苦之色，低声答道："并非小人有意赖账，实在是无力偿债。"

　　苏轼接着问道："既知无力偿还，为何要去借债？"

张二说："小人借他绫绢钱，原是为了做扇子生意。谁知扇子做好，今春偏接连下雨，天气寒冷，一时无法卖出，故此拖欠至今。"

苏轼见他说话老实，人又可怜，随即动了怜悯之心。他和蔼地说："既然有扇子可做抵押，你马上回家取些扇子来，我自有办法帮你还债。"

张二听说官长有办法帮自己还债，又是高兴又是疑惑。高兴的是，通判乃朝廷命官，绝无戏言，还债定然有望；疑惑的是，如今天冷扇子很难卖出。用扇抵债，吴小一绝不会答应，这桩公案又如何了结呢？一时顾不得细想，他急忙回家去，把最好的扇子取了一筐，扛在肩上，气喘吁吁地赶回公堂。

苏轼叫差役当堂打开，选了四十把白团夹绢扇子放在桌边。然后他举起判笔，一把一把地写字作画。他来杭州不久，游西湖时曾写了一首有名的七绝《饮湖上初晴后雨》："水光潋滟晴方好，山色空蒙雨亦奇。欲把西湖比西子，淡妆浓抹总相宜。"

这时，他把这首诗也抄在一些扇子上。有的写草字，有的用行书。另外的扇子，或画几株枯树，或绘一片竹石。每把扇子都有"眉州苏轼"的落款。他笔不停挥，恰如流水行云。不多时，四十把白团夹绢扇子全部写完。他把判笔一掷，然后站起身来，吩咐张二道："快领去发卖，偿还吴小一的绫绢钱。"

张二这时才明白过来苏轼如何帮他还债。他喜之不尽，连忙跪下叩头。他从桌上抱起四十把扇子，千恩万谢而去。吴小一见有官长做主，就回家去了，等候张二来还钱。张二抱扇回家，恰逢久雨初晴，暖日驱寒，正宜卖扇。他马上开门营业。那苏轼本是当时天下皆知的大文豪、大诗人，又是与蔡襄、黄庭坚、米芾齐名的大书法家，绘画也很有名。因此，张二的绢扇刚刚摆出，那些闻知苏轼写扇消息的人们，纷纷登门买扇。

张二愁眉尽扫，笑逐颜开，逢人便夸赞苏轼的救助之德。苏轼代人写扇还债的消息，很快就传遍了杭州城，百姓都赞扬苏轼是关心民情、断案公平的好官。

◎ 文天祥 ◎

名人档案

文天祥，南宋大臣、抗元英雄。字履善，号文山，吉州庐陵（今江西吉安）人。二十岁中状元。1275年，元军沿江东下进逼临安（今浙江杭州），文天祥在家乡赣州招募义军奔赴临安，任右丞相，曾因出使元营谈判而被扣，后脱险，回南方重组军队，坚持抗元。1278年被俘。被囚四年，备受折磨，坚持不降，终殉难。狱中所作《正气歌》，尤被后世传诵。

名家名言

1.孔曰成仁，孟曰取义；唯其义尽，所以仁至。读圣贤书，所学何事？而今而后，庶几无愧。
2.人生自古谁无死，留取丹心照汗青。

 名人故事

为民申冤的文天祥

南宋著名抗元英雄文天祥曾任江西提刑，主管各州的司法、刑狱和监察，兼管农桑。就在他到任的前几天，临江县县官下令杀了一个姓陈的银匠，这件事远近轰动，许多人都说这是一桩大冤案。

究竟是不是冤案？文天祥下令调阅案卷。

事情原来是这样的：陈银匠母子二人，生活贫困。一天，他在街上看见一个商人牵着牲口，牲口背上驮着很多钞票（当时称"关子""会子""交子"），不由叹道："穷人受苦，只是没有这驮钞票啊！"谁知次日清晨，那个商人被人谋杀了，一驮钞票也不翼而飞。县官赶到谋杀现场，有个卖小吃的向县官报告说自己亲耳听见陈银匠说过"穷人受苦，只是没有这驮钞票"。

县官据此，不问青红皂白，抓来陈银匠就严刑拷打，逼他招认谋财害命的罪行。陈银匠开始大叫"冤枉"，被打得死去活来后，因吃刑不住，只好违心地

招认。于是，县官申报上司，上司批下公文，陈银匠糊里糊涂地就被处死了。

文天祥阅罢案卷，不禁怒火冲天：地方官怎能如此断案！他决定重新审理"陈银匠杀人案"。

有人劝他说："人都杀了，何必自找麻烦，得罪办案官吏？"

文天祥坚定地答道："官吏昏庸，百姓受苦，冤案不昭雪，国家难以振作。"随后他亲赴临江，明察暗访，很快发现了线索：有一个街头混混李某，在杀陈银匠的当天神色异样，曾用钞票买祭品祭"鬼"。另外，李某家的阁楼上近来在夜间常有响声。

抓住这个线索，文天祥立刻派得力人员前往侦察，发现李某家的阁楼上有个大竹笼，里面装着大捆大捆的钞票……

文天祥心中有数了，再分析李某平时的为人，他断定李某就是杀人凶手。文天祥宣布升堂，原案承办人、原捕头及陈母等均到场。陈母替儿鸣冤，县官一口咬定陈银匠杀了人。

文天祥话不多说，追问县官赃物何在。县官结结巴巴，无言以对。接着，文天祥带领众人直奔李某家，登上阁楼，打开竹笼，倒出了里边的赃物。李某见状，早已瘫倒在地上。县官等原案承办人、原捕头也顿时傻了眼，跪在地上直磕头，连说："卑职该死！卑职该死！"李某面对铁证，一一招认了罪行。

文天祥最后宣判：李某图财害命，罪大恶极，斩立决；原案承办人和原捕头草菅人命，滥杀无辜，亦判斩决；陈银匠之母无依无靠，由官府赡养终生。消息传出后，人人称快。

◎ 成吉思汗 ◎

名人档案

成吉思汗，世称"元太祖"。名铁木真，出生于蒙古乞颜部孛儿只斤氏族。12世纪末13世纪初率本族统一蒙古诸部，1206年被推为大汗，称"成吉思汗"（蒙古语，意为拥有四海的强大者），建立蒙古汗国。

名家名言

1.在明亮的白昼要像雄狼一样深沉细心！在黑暗的夜里，要像乌鸦一样，有坚强的忍耐力！
2.你的心胸有多宽广，你的战马就能驰骋多远。

名人故事

善听谏言的成吉思汗

在一次征战中，金朝某城被蒙古军攻下后，数百名百姓被赶出城。成吉思汗下令："除了工匠等会手艺的人外，把其余的百姓全部杀掉。"他看着自己的军队驱赶那些惊慌失措的俘虏，露出饶有兴致的表情。

他问几个儿子和周围的将领："你们都说说，人生最大的乐趣是什么？"

商人镇海说："我从前是个商人，信足遨游，饱览天下美景奇观，流连忘返，倒是人生一大乐事。"

成吉思汗问术赤："你说呢？"

术赤说："儿臣以为，在春草萌发和秋高气爽的日子里，架着鹰，驱着狗，驱马飞奔，满载猎物而归，是人生最大的乐趣。"

成吉思汗听后连连摆手摇头。

石抹明安问："大汗以为呢？"

成吉思汗站起来，豪迈地说："人生至乐，莫过于战胜曾经压迫过、欺凌过、蔑视过、羞辱过你却又比你强大得多的敌人，然后拥有他的财产，看着他们用泪水洗面。这才是一个草原英雄最大的快乐。"

术赤和察合台齐声道:"父汗高见。"

很快,士兵就将俘虏中的工匠与其他百姓分开。大将纳牙阿问:"还有没有会手艺的了?"广场上死一般沉寂。纳牙阿一摆手,四列骑兵面对百姓站好,摘下弓,取出箭准备射击。

这时,石抹明安大声喊道:"等一等!"

成吉思汗眉头一皱,问:"明安将军,你有话要说吗?"

石抹明安说:"我想说说我对人生最大乐事的看法。"

成吉思汗感到奇怪:"哦?你说吧。"

石抹明安说:"汉人有一句名言:'良禽择木而栖,贤臣择主而事。'所以,我认为,能够效命于一个用上天给的气力打败敌人,却又能够宽容地放下武器者——这样的贤明国君,是人生一大乐事。"

成吉思汗愣了一下:"你的意思是说,我不该杀这些人?"

石抹明安答道:"他们只是敌人压迫下的百姓。"

成吉思汗说:"可他们杀了我的人,很多人!"

石抹明安说:"可是你杀了他们,就会有更多的金国百姓拿起武器,更凶狠地杀您的人。"

"那我就再杀死他们,直到他们不敢再反抗为止。"

"敌国有多少人您知道吗?他们用二十个人的生命换一个蒙古人的生命,我们就会抵挡不住。"

成吉思汗愣住了,不相信地说:"那你说怎么办?"

石抹明安答道:"大汗,这些百姓大多是汉人和契丹人,他们并不是真心臣服于女真人,只是他们不了解蒙古人,不了解大汗的到来会给他们带来什么,所以才铤而走险。如果大汗宽恕了他们,这消息就会一传十、十传百,也许将来您会看到百姓自发起来响应大汗、反抗金军的局面。"

其他将领也都纷纷点头,表示放了这些百姓是上策。成吉思汗眼睛一瞪:"难道我的命令可以随便收回吗?窝阔台,你是怎么想的?"

窝阔台说:"父汗,塔塔统阿老师给我们上课的时候说过,不因人废言,能从谏如流,是帝王的英明之举。"

成吉思汗突然哈哈大笑起来,说:"很高兴在我的儿子和将领之中,也能听到这样高明的见解。"

他随即下令,让纳牙阿放了那些百姓。

"得道多助,失道寡助",成吉思汗从此意识到了得民心的重要性,以后每攻下一座城,都不再滥杀无辜了。

● 戚继光 ●

戚继光，明朝抗倭名将、军事家。字元敬，山东登州（今山东蓬莱）人，将门出身。嘉靖后期，被调至浙东防倭。他招募义乌的农民和矿工，将其训练成了一支纪律严明、战斗力强的军队，人称"戚家军"。在台州（今浙江临海）一带九战九捷，全歼倭寇。后又入福建、广东与抗倭名将俞大猷配合，消灭盘踞在福建的倭寇主力，解除东南沿海的倭患。1567年奉调至蓟州，在镇16年，修筑长城，加强战备。著有《纪效新书》等。

名家名言

1. 一年三百六十日，多是横戈马上行。
2. 封侯非我意，但愿海波平。
3. 遥知百国微茫外，未敢忘危负岁华。

名人故事

经受严格家教的戚继光

戚继光出生于将门之家。他的父亲戚景通在五十多岁时，才有了戚继光，但戚景通并不因晚年得子，就对戚继光过分溺爱。他对儿子要求很严格，从来不娇惯，希望他长大后能成为一个对国家有用的人。

在戚继光十二岁那年，家里修缮房屋。戚景通让工匠在厅堂的两根立柱间安装四扇镂花门，但工匠们觉得不够气派，就私下对戚继光说："公子家世代将门，理应安设十二扇门才是啊！"戚继光听了，觉得有理，连忙跑到父亲面前，说："咱们家世代为官，为什么不多安几扇雕花的门呢？"

父亲连连摇头，说："你将来能保住这份家业，我就满意了。如果你小小年纪就贪慕虚荣，将来恐怕连这点儿产业都保不住。"戚继光非常聪明，他琢磨着父亲的教诲，很快就明白了话中的深刻含义。

转过年来，戚继光十三岁了。那时候，有早早订婚的习俗，家里人也给他订了亲。戚继光的外祖母听说了，送来一双做工讲究、面料华贵的丝鞋，作为外孙定亲的贺礼。

戚家一向生活节俭，戚继光从来也没有穿过华丽的衣服和鞋子。这时候，他见到这双丝鞋，喜出望外，翻过来转过去仿佛看不够。母亲见他如此喜爱，就对他说："瞧你喜欢的样子，干脆拿去穿了吧！"

父亲正在前厅读书，见戚继光穿上丝鞋走个不停，立刻沉下脸来说："小孩子穿这么漂亮的丝鞋干什么？你现在有了丝鞋，就会想着穿锦绣，吃山珍海味……"父亲停了一下，语重心长地说，"我家为官世代清廉，到我这儿也没有那么多闲钱满足你的奢望。假如以后你成了将领，就很难保证你不会侵占士兵的粮饷啊！这样下去，岂不坏了我戚家的世代清誉？你还怎么接替我的事业呢？"戚景通立即让人把鞋烧了，不准儿子再穿。

戚景通不仅竭力制止儿子沾染坏习气，还十分注意把儿子往正路上引导。

一次，父亲问戚继光："儿呀，你长大了想干什么？"戚继光答道："志在读书。"父亲语重心长地告诉他："读书的目的在于弄清'忠孝廉洁'四个字的意义，否则就什么用处也没有。"随后就命令随从把"忠孝廉洁"四个大字书写在新刷的墙壁上，让戚继光时时铭记在心。

从此，戚继光每天看着墙上刷写的"忠孝廉洁"四个大字，想着父亲这么大岁数还关心国家大事、廉洁自律，便更加坚定了不追求享受、以天下大事为重的信念。他一面学习武艺，一面发愤读书，希望以后有能力继承父亲的事业。

戚继光平时刻苦努力，他博览群书，学业有了长足的进步。十五岁时，戚继光就以精通经、史、子、集闻名于家乡一带。

年事已高的戚景通看到儿子的进步，内心自然高兴万分。一次，戚继光的母亲张氏和戚景通商议家里之事时，担心地说："家里日后缺吃少穿怎么办呢？"戚景通十分骄傲地指着戚继光说："这不就是我们家里最大的财富吗？"

◉ 李时珍 ◉

名人档案

李时珍,明代医药学家。字东璧,号濒湖,湖北蕲州人。李家世代行医。李时珍继承家学,更着重研究药物,重视临床实践,主张革新。他经常上山采药,并深入民间收集大量民间单方,系统地整理了中国16世纪以前的医药学成就。著作有《本草纲目》《濒湖脉学》《奇经八脉考》等。

名家名言

1.百病必先治其本,后治其标。

2.身如逆流船,心比铁石坚。望父全儿志,至死不怕难。

3.饮食者,人之命脉。少饮则和气行血,痛饮则伤神耗血。

◉ 名人故事

以病人为先的李时珍

有一次,楚王的爱子病了,还病得不轻,一发作就口吐白沫,不省人事。王爷有权有势,四处请名医,不知多少名医被请到了王府。可他们看了世子的病情后,全都束手无策。这让王爷心烦不已,整天大发雷霆,这时有人向王爷推荐了李时珍。当王爷派的人来请李时珍时,大家议论纷纷。有人对李时珍说:"这下好了,你一旦给王爷的爱子看好病,那你可就是名利双收了。"也有人劝李时珍千万别去:"有钱有势的达官贵人最好别招惹,如果你给人家的孩子把病看好了,自然是好事,可是万一没治好,你的麻烦就大了,说不定连命都得搭进去。"

最后李时珍决定去救人。他倒不是希望借助王爷的名望和权势让自己声名鹊起,也不怕看不好会招惹祸端,他是这样想的:"病人为先,得病的人现在多么痛苦,而我作为一名医生,既然知道有病人来找,我就应当尽一份心、出一份力，虽然此病我还没诊治过，但救人是医生的本分，也是对自己的挑战，无论如何都得前去，不管对方身份贵贱都应该尽力一试，不能怕惹麻烦就置病人于不顾。"

于是李时珍就跟随来人一起来到了楚王府。

当李时珍看到世子的时候，世子正在发病，脸色发青，双目紧闭，已不省人事。王妃、府医、保姆、侍女一大堆人干着急，却毫无办法。李时珍被请到了最前面，他轻轻扒开世子的眼皮看了看，然后把手搭在世子的手腕上开始切脉，最后又解开世子的衣服，看看、摸摸，把全身都检查了一通。

屋内静极了，连抽泣着的王妃也不敢大声出气，生怕干扰了李时珍看病。

等看完病人后，李时珍被请到了隔壁的房间。府医们正在讨论医治的方案，这个说用这种药，那个说用那种药，谁也说服不了谁。

李时珍并没有立刻给世子开药方，而是对领他进来的人说："请把世子以前用过的药方给我看一下，可以吗？"不一会儿，就有人拿过来几十张以前用过的药方。李时珍认真地看着，脸色却越来越差，最后他提笔写下了自己的药方。这时，为首的府医拿来药方看过后，不屑地说道："先生，你是不是写错了？"

李时珍说："没错，我用的就是菖蒲和韭菜。"

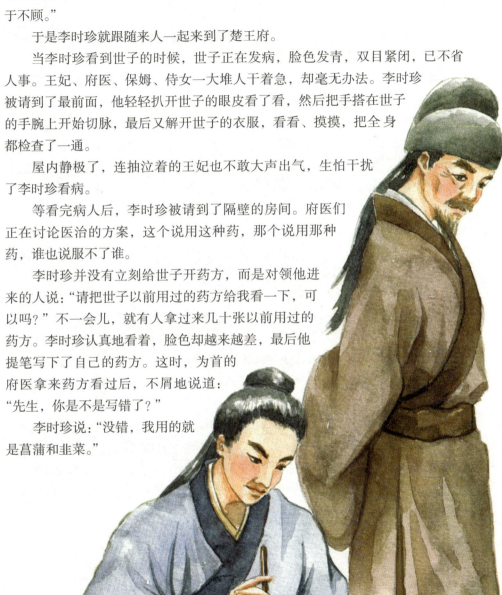

几位府医传阅后讥讽他说："这也算药方？这不是胡闹吗？"也有人说："世子明明是虚症，我们用人参、白术都治不好，如此随处可见之物能治这么重的病？"

这时，李时珍对楚王说："王爷，世子的病不能再耽搁了，你如果信得过我，就赶紧用我的方子救人，你如果不信，那我也无能为力了。"

楚王沉思了片刻，说道："好吧，现在就按你的方子治，但是如果世子有个三长两短，你可要想清楚了！"

李时珍说："为医者，关乎病人的性命，我自当慎重，岂会当儿戏？用药不一定非得用贵的才算好，最重要的是对症下药，用对了才好，用错了不但治不了病，甚至还会要命。我如果没有把握是绝不敢贸然用药的，此药方用物虽平淡，药性却不弱，服用后世子定然上吐下泻，还请王爷不要生疑，这是用药后应有的反应。"楚王见李时珍说得诚恳，眼见儿子危在旦夕，也只能一搏了。

就这样，侍女把菖蒲和韭菜捣成汁给世子灌服。在等待的时候，王爷命人把李时珍扣押了起来。大家焦急地等待着，不久，世子真的有了反应，上吐下泻，呕吐物与排泄物腥臭无比。如果不是李时珍事先有说明，此刻他的脑袋早就不在了。三个时辰过去了，世子终于停止了呕吐。

过了一天，世子就能够睁眼说话了。王府上下人人都有了笑脸，对李时珍也就客气多了。李时珍又另外开出了方子让世子重新用药。每一次，李时珍用的都只有几味药，而且都不是什么名贵稀奇的药材，可是世子一天天好了起来。这让那班府医佩服得五体投地，他们纷纷前来求教李时珍用药的医理。李时珍毫不藏私，他把自己对此病的判断、推测、依据，一五一十地向府医们说明，府医们听了连连点头，也把自己的看法和不解同李时珍畅所欲言地进行了交流，大家都感觉收获非常大。转眼一个月过去了，在李时珍的调理下，世子完全恢复了健康。这时李时珍向王爷提出了回家的请求，王爷非常希望李时珍留下，并许诺封赏官职，可是李时珍却只向王爷讨要了几本医书就回去了，连赏赐的金银都没有带走。

● 徐光启 ●

名人档案

　　徐光启，明代科学家。字子先，号玄扈，谥文定，大明南直隶松江府上海县（今属上海）人。1604年中进士，1632年任礼部尚书兼东阁大学士，入参机务，次年兼任文渊阁大学士。较早引进和介绍西方科技知识，对中国当时的社会生产有促进作用。编著《农政全书》，并主持编译《崇祯历书》。

名家名言

1.欲求超胜，必须会通。
2.顾惟（利）先生之学，略有三种：大者修身事天；小者格物穷理；物理之一端，别为象数。

名人故事

种田读书的徐光启

　　16世纪的上海还只是一座小县城。1562年4月24日，徐光启就出生在这里。徐光启家境贫寒，父亲种田务农，母亲和祖母在家纺纱织布，一家人起早贪黑才能勉强糊口。徐光启从小就是一个懂事的孩子，如今上学了，更是十分听话。每天早上，他都早早地起床，读几遍课文，然后才去学堂。放学后，他从不到外边去玩，总是径直回家，独自躲进"书房"读书写字，时常忘了吃饭、睡觉。由于他勤奋学习，每次考试都名列前茅。

　　徐光启不但喜欢读书，对书本外的知识也很感兴趣。有一天，徐光启正在书房做作业，祖母纺车的声响一阵阵地传到书房，那声音有规律地响着，恰似一首有节奏的乐曲。这时，徐光启也有点倦意，便走出书房，到祖母和母亲的织布间走动走动。织布间里，母亲正在精心地织布，而年过花甲的老祖母也在聚精会神地纺纱。原来，纺车上有一根可以踏动的木棒，左右两脚轮流踏着两头，带动纺车旋转，又带动三个纱锭子旋转，就能发出阵阵的嗡嗡声。

徐光启幼年在外婆家也曾看到过外婆纺纱，但他今天才发现祖母所用的纺纱车与外婆用的不同，他就好奇地问："祖母，为什么你用的纺车有三个纱锭，而外婆用的纺车却只有一个？"

徐光启的长辈们向来反对他过问耕种织布的事，但是老祖母看到孙子问得那样真切，也就耐心地把三锭纺车的来历告诉他："你外婆用的普通手摇纺车，右手摇车，左手握纱，只能纺一个纱锭。我现在用的纺车是黄婆婆（黄道婆）发明的。这种纺车是用脚踏，不用手摇，因而两只手都可以握纱，能够同时纺三个纱锭，这样一人可以顶上三人。"

徐光启听后赞叹不绝："真是了不起啊！"

"祖母，黄婆婆是谁啊？"徐光启又好奇地问。

祖母停下手中的活儿，一字一句地告诉徐光启："黄婆婆是元朝人，也是我们上海人。她出身很苦，小时候就被卖给人家当童养媳。她不堪公婆和丈夫的欺凌、虐待和折磨，后来一个人流落到海南岛，向当地黎族人民学习纺织技术。晚年她回到自己的家乡，把在海南的技术传授给乡亲……她是我们纺织的祖师婆，人们尊敬她，在她的家乡，还为她塑像造祠。"

听了祖母的介绍以后，徐光启决心向黄婆婆学习，爱家乡，爱劳动。他便在课余时间广泛地阅读农书，还常常到田里帮助父亲做一些农活。

起初，徐光启每次到田里都被父亲轰回书房。后来，他编出一套话来，说："读书累了，到田里溜达溜达，精神会更饱满，然后再去读书就更能记得住了。"

父亲听他这么一说，也就不再撵他了，有时还让他帮着给庄稼松松土、拔拔草，但决不肯让他做稍重一点儿的活，生怕把他累坏了，影响学习。父亲既然允许徐光启偶尔到田里来做点儿轻活，那就没

有办法阻止他下地了。

一转眼进入盛夏时节。一天下午骄阳似火，天气闷热，徐光启坐在屋里一个劲儿流汗，热得气都难顺。他读了一阵书，汗流浃背，实在疲倦了，就来到田里散心。

田里的棉株，枝叶茂盛，已经长了半米多高。他在棉田里走了两圈，又蹲下仔细地观察了一番，然后卷起裤脚管，伸手把一棵棵棉株尖顶摘断扔掉。这时，父亲正好挑了一担粪水过来，看到儿子糟蹋庄稼，不禁怒气冲冲，声色俱厉地喊道："阿启，过来！"

父亲向来是和顺的，但是今天却如此严厉，徐光启一时丈二和尚摸不着头脑。他赶快走到父亲跟前，双手垂下，恭恭敬敬地问："阿爸，什么事惹您生气了？"

"你刚才做了什么啦？"

"我读书倦了，来到田里散散心，顺便给棉株打顶芯。"

"像你这样散心，我的棉花都要被你全弄死！"

徐光启疑惑不解地说："没有啊，棉花不是还好好的吗？"

"你把棉花顶芯摘掉了，棉花没有头，还能活？"

徐光启这才恍然大悟，笑着说："阿爸，你错怪我了。事情是这样：昨天下午放学时，我看到德章爷爷在田里摘棉花顶芯，我觉得奇怪就问他，他说：'现在大暑已过，快到立秋，棉花已长到两尺来高了。它再往上长，一直分枝生叶，就不会结棉桃，白白耗费养分。把它的顶上的冲天芯摘掉，省下来的养分可以供应下边快成熟的棉桃，让这些棉桃长得更大更结实。'所以，我今天也学德章爷爷的样子摘掉了棉花灯芯。"

父亲原来是做生意的，没有种过田，虽然破产后改行种庄稼已有几年了，但是碍于面子，不好意思去向别人打听、请教，所以有好多庄稼活都不懂。听儿子这一说，开了心窍，又听说这一带的植棉能手德章爷爷都这么做，便认定儿子没有错。于是，他改变了语气，和蔼地说："种田的事，你就别操心了，我知道该怎么办，快回家读你的书去。我浇好粪水后，自己会打顶芯的。"

徐光启不敢再说什么，便悄悄回家读书去了。

时光荏苒，转瞬到了摘棉花的时节，棉株上朵朵棉花又白又大。徐光启家棉花获得了大丰收，增产二三成。父亲非常高兴，可是一想到当初责怪儿子打顶芯的事，就会很内疚。

徐光启从这件事得到启发，种田需要科学知识，于是更加专心阅读有关书籍了。历代农书《氾胜之书》《齐民要术》等都成了他的案头读物。

● 康 熙 ●

名人档案

　　康熙，即爱新觉罗·玄烨。清朝皇帝。庙号圣祖，年号康熙。顺治帝第三子。1661年即位，时年8岁，初由权臣鳌拜等辅政。亲政后，设计擒鳌拜，掌握大权。1681年平定吴三桂等西南三藩叛乱，1683年攻灭台湾郑氏政权，后又出兵驱逐盘踞在黑龙江流域雅克萨的沙俄侵略军，并派索额图等订立《中俄尼布楚条约》，确定中俄东段边界。重视农业生产，曾颁布法令，规定以后"滋生人丁，永不加赋"。

名家名言

1.国家用人，当以德为本，才艺为末。
2.人君以天下之耳目为耳目，以天下之心思为心思，何患闻天下不广？

名人故事

智擒鳌拜的康熙

　　康熙当皇帝时才8岁。因为年龄实在太小，他的父亲顺治皇帝临终选定了四个顾命大臣来辅佐他。在这四个顾命大臣中，鳌拜的势力最强大，他独断专权，贪赃枉法，弄得民怨沸腾，康熙一直想除掉他。

　　精明过人的鳌拜时刻防备着有实力的大臣接近康熙，他希望康熙成为一个名副其实的"孤家寡人"，那样他就能一直"挟天子以令诸侯"了。

　　有一次，鳌拜宣称自己生病了，康熙到鳌拜府中进行探望。当他来到鳌拜的卧室时，却发现鳌拜竟然在席子底下放了把刀。为了稳住鳌拜，小小年纪的他不露惧色，反而诚恳地夸赞鳌拜对朝廷的贡献有多么大，表示自己是多么希望他能够早日康复，并且用先王的重托来打动鳌拜。鳌拜本来想趁此机会暗杀康熙，可看到康熙如此至诚，再想到顺治的重托，不免心生犹豫。于是康熙有惊无险地躲过了这一劫。

康熙从鳌拜处探病回宫后，更加确信自己已经危在旦夕，于是他果断地把自己暗中培养的小摔跤手们悄悄召集到一起说："平日里我们为了掩人耳目，不得不假装是做游戏，现在我们要行动了。我们再把擒拿鳌拜的计划想得周密一些，这可是生死决战，只能成功不能失败！"

这些小摔跤手都是康熙平日精心挑选出来的，他们早就不满鳌拜的恶行，一个个恨不得能手刃鳌拜。

第二天，康熙派人对鳌拜说有要事相商，让他务必来宫内一趟。鳌拜的手下正聚在鳌拜府上，他们都为昨天没有杀掉康熙而心有不甘，现在见康熙来请鳌拜进宫，都认为这肯定是康熙的阴谋，劝鳌拜不要去。鳌拜却认为一个小娃娃都不怕死，敢单独来府内探望自己，自己这个权倾朝野的堂堂顾命大臣却不敢去见一个小孩，这传出去岂不是让人小瞧了！再说自己一身武艺，又带着刀，有何担心？于是他命令手下将领埋伏在宫外，一旦皇宫里有什么风吹草动，就冲进去，把小皇帝一刀砍了，自己得天下也就名正言顺了。

鳌拜安排周全后，就大摇大摆地来到了皇帝的内宫。

鳌拜一进宫门，康熙就派了亲信偷偷关上了重重的紫禁城宫门，防止鳌拜的外援进入。鳌拜一到场，康熙就盛情邀请他观看摔跤表演。小摔跤手们一拥而出，开始表演摔跤游戏给鳌拜看。

只见这些半大的孩子们不成章法地玩闹着，在跌打滚翻中突然一齐扑到了鳌拜的身上。这个抱腿，那个捉手，这个抱住头，那个搂住腰，顿时将鳌拜掀翻在地。可是鳌拜到底是"满洲第一勇士"，他力大无穷，猛一挣扎，那些孩子都被他摔了出去。但是，这些孩子毕竟人数众多，并且天天借着做游戏掩人耳目，早训练得配合默契、分工明确了。鳌拜刚甩开一批人，马上又有几个合身扑了上来，因为大家都知道，今天如果拿不住鳌拜，后果只有死路一条。横竖都是一死，大家一出手全都是不要命的打法。鳌拜毕竟双拳难敌四手，他的佩刀首先被抢走了，一个孩子顺手还在鳌拜的大腿上划了一刀，这一刀虽然不能致命，却让鳌拜的动作顿时迟缓了起来。就在他猛力挣开这些玩命的少年后，一张大网突然从天而降把他死死罩住了。在网中的鳌拜不顾手脚被困，合身扑向不远处的康熙，就在这危急关头，那位夺过鳌拜佩刀的孩子一刀刺了过来，正中鳌拜的胸膛，鳌拜体力不支，栽倒在地。就这样，不可一世的鳌拜被抓住了。少年们把鳌拜捆了个结结实实。康熙下令："鳌拜谋反，收禁听审。"

康熙这位少年皇帝，终于铲除了权臣鳌拜和他的党羽，迎来了自己的亲政。

◇ 林则徐 ◇

名人档案

　　林则徐，晚清爱国主义者，民族英雄。福建侯官（今福州）人。1838年任湖广总督。次年任钦差大臣赴广州禁烟，收缴鸦片二百三十七万余斤，在虎门销毁。并整顿海防，训练义勇，打退英军的挑衅。还派人翻译外国书报，了解外国情况。1840年任两广总督，不久受投降派诬陷，被革职流放新疆。1850年再度任钦差大臣，赴广西督理军务，病死途中。著作编为《林则徐集》。

名家名言

1.子孙若如我，留钱做什么，贤而多财，则损其志；子孙不如我，留钱做什么，愚而多财，益增其过。
2.海纳百川有容乃大，壁立千仞无欲则刚。
3.苟利国家生死以，岂因祸福避趋之。

名人故事

巧用绿豆的林则徐

　　清朝末期，鸦片横行。清政府特派林则徐去广州禁烟。林则徐到了广州才发现，英国人不仅用鸦片腐蚀中国人，就连在一些基本的贸易上也巧取豪夺。

　　那时候，在对外贸易中，清朝主要是进口一些西方国家的布匹等，而出口的多是瓷器、茶叶等。在与洋商的贸易中，清朝总是吃亏。因为洋商在运输布匹的时候，常常在途中遇到风浪，布匹浸了水质量就会受损，而清朝官商又检查不出来，因此洋商源源不断地将布匹运到中国。

　　而清朝出口的瓷器、茶叶等，尽管用稻草捆扎好了，可是经过海上的风浪颠簸，到国外时瓷器很多碎了，茶叶也受潮了，洋商因此会百般压价。

　　林则徐来到广州后，查处鸦片的同时看着白花花的银圆就这样流入洋人的口袋，很是心痛，却又无计可施。

有一天，林则徐在船舱上偶然捡到一粒绿豆，突然心生一计。他到衙门后召集洋商，宣布道："今后，我国进口洋布，同时进口绿豆。你们装船时，必须一行布匹一行绿豆地间隔排好，船到港口时，先验舱后起货，否则布匹一律拒收。"

紧接着，林则徐又召集当地的商人宣布："出口瓷器时，必须在船舱空隙处也放进绿豆，否则一律不得出口。"

就在林则徐宣布完规定不久，又有一批洋商的货到岸了。林则徐亲自验货。林则徐问道："船舱可曾进水？"洋商在胸前划了个"十"字，说道："上帝保佑，一路风平浪静，船舶没有进一滴水。"

林则徐微微一笑，下令衙役倒出绿豆，只见不少绿豆已经发芽，林则徐捡起一根绿豆芽，正色问道："如果船舶没有进水，绿豆怎么会发芽呢？"洋商哑口无言，心想：中国的瓷器运出去的时候，多有破碎，到时候以牙还牙，我一定会把这笔罚款捞回来的。

可是等中国的船舶到达英国港口的时候，洋商们失望了，瓷器保存得十分完好，没有一件破碎的。原来林则徐让人在瓷器中塞满绿豆，而且洒上清水，这样绿豆一发芽，就可以将船舱中的空隙全部填满。如此一来，任凭多大的风浪，瓷器也安然无恙了，而且这些发芽的绿豆也可以作为饲料出售，一举两得。洋商的如意算盘落空了。

绿豆只是一种很平常的食物，林则徐却用它巧妙地解决了贸易中的难题。

◉ 魏 源 ◉

名人档案

　　魏源，清代启蒙思想家、政治家、文学家，字默深，湖南邵阳人。鸦片战争时曾参与抗英战役。主张变法革新，提出"师夷长技以制夷"的思想，即学习西方技术，制造枪炮、轮船和其他机器工业产品，以抵抗西方列强侵略。其著作编为《魏源集》。

名家名言

1.教人者，成人之长，去人之短也。唯尽知己之所短而后能去人之短，唯不恃己之所长而后能收人之长。

2.志士惜年，贤人惜日，圣人惜时。

◉ 名人故事

胸有乾坤的魏源

　　魏源是清代启蒙思想家、史学家、文学家，更重要的是，他是最早向西方学习的革新家——做到这一点可不是件容易的事。参天的大树也是从小树苗一点儿一点儿长成的，我们从魏源小时候的故事当中就能看出点儿门道。

　　魏源的爷爷是个很有学问却隐居起来的高士，父亲是当地有名的读书人。出生在这样的诗书世家，魏源具有了得天独厚的成长空间。他从小就喜欢埋首书本，还不识字的时候就开始亲近书本，那些大人看了都觉得有些枯燥的画稿图谱，他竟然看得津津有味。这可把爷爷高兴坏了，他说："这孩子眉宇间有股子灵气，不要把他当成寻常的孩子来教养。"

　　等到魏源真正拜了孔庙进了学堂后，他更是天天早起晚睡地读书，从来不让家里人督促。

　　倒是母亲心疼儿子，生怕他小小的年纪把身体熬坏了，就常常吹灭灯，逼着他上床睡觉。这时魏源会闭上眼睛想书里的内容，等到确认母亲已经睡熟后，他又悄悄起来，点上灯，用被子遮住光线继续读起来。正是这样的勤奋努力，幸运之神才会降临到这个神童身上。九岁的他参加县里的童子试，竟然一举成名。

考试前，主考老师要考察报考人员有无资格参加考试，当他看到魏源小小年纪，有些不放心，心想说不定是哪位家长给孩子报错了名，要不就是这孩子是偷偷跑来凑热闹的。于是，主考老师决定先考考他对对子的水平。老师出了个上联"阎看门中月"——这是拆字联，门中月合起来正是"闲"字（今作"闲"）。

魏源看到老师身后的墙上挂着一幅"春耕图"，于是脱口说道："思耕心上田。""妙，对得好！"老师不禁出声赞叹。就这样，魏源可以去参加考试了。

正式考试的日子到了，几十个参加考试的孩子都比魏源大，却都比魏源紧张，低着头一动不动地站在那儿，而魏源却东张西望，一点儿也不在乎。当县令看到魏源那泰然自若的神情时，忍不住先把他喊了过去，指着手边的茶杯说："杯中含太极。"原来，县令大人的杯子上画着一幅"太极图"。看来应对古时候的考试还真得下点儿功夫，不然谁知考官那天会想到什么，出一些什么天马行空的试题，你想提前预备打腹稿都不成。

可是，这还是没能难住魏源，他立刻说道："腹内孕乾坤。"原来他的衣服下面正好藏着出门时母亲给他带的干粮——两张大饼，但堂上众人不知道啊！他们一致认为此句太有意境了，简直是气势逼人啊，这哪是一个九岁孩子的语气。众人猜想说不定是碰巧了，他恰好胡蒙的这句诗，也许连他自己都不知道在说什么呢。于是县令要求他解释一下自己的对子。

魏源解释道："天地本是乾坤，是世人大展拳脚的地方。我怀中有两张圆圆的大饼，正好可以填饱我的肚子，只有吃了它，我才能更有力气考虑天地间的大事情！"用生活中再寻常不过的食物象征自己的理想，这样的本事和抱负可不是一般人能有的。

正是具备了勤奋的品格以及早早确立了人生目标，魏源才能够一步一个脚印地走在同龄人前面，成就了自己辉煌的人生。

◉ 左宗棠 ◉

名人档案

　　左宗棠，清末洋务派首领和湘军将领。湖南湘阴人。曾率湘军镇压太平军，后历任浙江巡抚、闽浙总督、陕甘总督。1875年任钦差大臣督办新疆军务，率兵阻止了外国对新疆的侵略。后任军机大臣、两江总督。中法战争时督办福建军务。1885年，病死于福州。有《左文襄公全集》。

名家名言

1.身无半亩，心忧天下；读破万卷，神交古人。
2.读未见书，如得良友；读已见书，如逢故人。
3.好便宜者，不可与之交财；多狐疑者，不可与之谋事。

名人故事

被乞丐教训的左宗棠

　　左宗棠是晚清重臣，由于才能出众，再加上收复新疆、兴办洋务运动等一系列功绩，因此被清朝政府所倚重。当时有一句俗话就反映了左宗棠在清朝政府的地位之高："中国一日不可无湖南，湖南一日不可无左宗棠。"

　　左宗棠很是自负，很少把谁放在眼里。可是就是这样自负的左宗棠，却两次在一个乞丐面前低下了头。

　　第一次是左宗棠出征新疆的时候。当时的左宗棠下定决心，一定要收复新疆，因此抬着棺材出征。就在刚出城的时候，左宗棠却意外地停了下来。因为他看到一个乞丐在城门口摆着一盘棋的残局。左宗棠对象棋很有研究，而且很少碰到对手。一看这个乞丐竟然挂着一个"天下第一局"的招牌，左宗棠就走上前去，很快就破了残局。左宗棠扯下了"天下第一局"的招牌，然后带着大军出发了。

　　经过几年的交战，左宗棠终于收复了新疆，大胜而归，可是就在左宗棠班师回朝后不久，却又意外地碰到了那个还挂着"天下第一局"招牌的乞丐。左宗棠很生气，上前就要扯下"天下第一局"的招牌，这时候乞丐却抬头说话了：

"大人，何不再下一局，让我输得心服口服？"左宗棠一听，也来了兴趣，于是又开始和乞丐下棋了。连下三局，结果都大败。左宗棠这才知道自己远远不是这个乞丐的对手，可是他很奇怪，为什么自己在出征前能赢了乞丐呢？他将自己的疑惑说了出来。

乞丐笑着说道："前次左将军行将出征，重任在肩。老朽恐挫您的锐气，所以对弈时故意让您，也是想要暗示您棋局如战场，风云多变，遇到险境需要有信心方能扭转战局，转败为胜。今日左将军得胜归来，未免有些心高气傲，所以老朽就要挫一挫您的锐气，是怕您骄傲自满、得意忘形，这于国于民都不利，因此老朽也就不能让您了……"

左宗棠听后，甚是惭愧，当即鞠躬拜谢老人，感慨道："先生不仅棋艺高超，而且深谙为人处世之道，可以终身为师矣！"

又过了十多年，左宗棠在闲逛的时候，再次碰到了这个乞丐。这时候的左宗棠已经是闻名天下的重臣了，当时人们都以"曾左"并称曾国藩和左宗棠。可是左宗棠却对此称呼不以为然，甚至心有不服。

左宗棠和乞丐聊了半天后，问道："先生知道'曾左'吗？"乞丐说道："那是天下人对曾大人和左大人的尊称呀！"

左宗棠接着问道："为什么人们都说'曾左'而不说'左曾'呢？"

乞丐沉思了一会儿，说道："那是因为曾公眼里有左公，而左公眼中无曾公！"

左宗棠听了乞丐的话，不禁一阵惭愧。从那以后，左宗棠一改往日自负的毛病。

◉ 梁启超 ◉

名人档案

梁启超，近代维新派领袖，学者，字卓如，号任公、饮冰室主人等，广东新会人。1895年协助其师康有为发动"公车上书"。次年在上海主编《时务报》。1898年入京，参与"百日维新"。"戊戌政变"后流亡日本，创办《新民丛报》，介绍西方政治学说。晚年在清华大学讲学。其著作编为《饮冰室合集》。

名家名言

少年智则国智，少年富则国富，少年强则国强，少年独立则国独立，少年自由则国自由，少年进步则国进步，少年胜于欧洲则国胜于欧洲，少年雄于地球则国雄于地球。

名人故事

才思敏捷的梁启超

梁启超从小就聪明过人，并且勤奋好学。他五岁的时候就开始读"四书五经"，八岁作文，九岁成篇。但梁启超不是死读书的人，他很喜欢在现实中验证自己的所学。

一次，梁启超自己爬上了很高的竹梯玩儿，吓得祖父连声对着他大声喊："快下来，快下来！"

梁启超没理会祖父那着急的样子，随口说出了一句诗："有人在平地，看我上云梯。"

祖父听了，不由得哈哈大笑，竟然忘了孩子的危险，反而有些自豪，这个孙子迟早是会闹出些名堂的。

梁启超十岁那年，曾跟随父亲入城，夜里住在秀才李兆镜家。李家客房的对面有一个杏花园，梁启超第二天早晨起来就走进这个杏花园玩耍，他看见杏花朵朵皆闪着露珠，真个是争奇斗艳，美妙极了，就忍不住爬到了树上摘了些杏花。就在这时，他听到有脚步声传来，原来父亲与李兆镜也来这里散步了。梁启超吓得赶紧跳下了树，匆匆忙忙将杏花藏在袖筒里，但还是被父亲看见了。

父亲顿时感到无比尴尬，但又不好当着朋友的面呵斥自己的儿子，他随口吟出上联："袖里笼花，小子暗藏春色。"这是想要用对联告诉儿子，你小子小心点儿，我什么都看见了。梁启超一抬头，正好看见前面厅房里挂一面大镜子，随声应答道："堂前悬镜，大人明察秋毫。"李兆镜不由得连声叫好，他也来了兴致高声吟道："推车出小陌。"梁启超不假思索地对道："骑马入长安。"这让李兆镜连声赞道："不得了，不得了！此子不是池中之物，将来定然能飞黄腾达。"

少年聪慧的梁启超长大后，经常到各地游历，学问不断增长。

有一次他来到了武昌，就去拜访张之洞。张之洞当时已经是湖广总督，朝廷的一品大员，因为他为地方上办了很多实事，所以在当地有很好的口碑。张之洞本人也颇有才学，曾是科举中的探花，看到前来拜访自己的不过是一个年轻的学子，不免想要考量他一番。于是，张之洞出了个上联："四水江第一，四时夏第二，老夫居江夏，谁是第一？谁是第二？"这句话大有"我是天下第一名臣"的味道。初生牛犊不怕虎的梁启超不卑不亢地答道："三教儒在前，三才人在后，小子本儒人，不敢在前，不敢在后！"

张之洞一听笑了，对梁启超敏捷的才思很是赞赏，两人畅谈了一个时辰，若不是公务太繁忙，他还真舍不得放梁启超回去。

● 梅兰芳 ●

梅兰芳，京剧演员，字畹华，祖籍江苏泰州。他出身京剧世家，8岁学戏，演旦角。对京剧旦角的唱腔、念白、舞蹈、音乐、服装、化妆等都有创造和发展，形成了自己独特的艺术风格，世称"梅派"。代表剧目有《宇宙锋》《贵妃醉酒》《霸王别姬》等。曾任中国京剧院、中国戏曲研究院院长，中国文联、中国剧协副主席。有《梅兰芳文集》《梅兰芳演出剧本选集》和自述传记《舞台生活四十年》。

名家名言

1.我们在坚持工作之外，还必须养成坚持休息的习惯。

2.我是个拙笨的学艺者，没有充分的天才，全凭苦学。

3.精神畅快，心气和平。饮食有节，寒暖当心。起居以时，劳逸均匀。

名人故事

在生活中学习表演的梅兰芳

京剧表演艺术家梅兰芳非常好学，这从他小时候学戏时的刻苦劲儿就能看出来。

梅兰芳由于眼睛没保护好，患了轻度的近视，不仅眼珠转动不灵活，而且还迎风流泪。唱戏对眼睛的功力要求很高，眉目传情，顾盼生姿，离了眼睛这一表现手段，唱戏的整体效果都会大打折扣。所以，梅兰芳因为眼睛不好可是伤透了脑筋。

朋友们纷纷给他出主意，这个说点揉按摩管用，那个说枸杞菊花管用，他都一一进行了尝试。后来，有个朋友告诉他养鸽子管用，他就又试着养起了鸽子。每天清早他都要给鸽子喂食，放飞。鸽子在天空盘旋后愈飞愈高，愈飞愈远。梅兰芳站立在鸽棚旁，眼睛追随着鸽子不断转动，尽力追踪那渐行渐远的鸽群，当鸽群最后消失在天边的时候，梅兰芳也望到了天边。

如此坚持了几个月，梅兰芳的近视果然好转了，不知不觉中眼珠也变得灵活了，迎风流泪的毛病也消失了。从此梅兰芳更加喜欢养鸽子了，鸽子越喂越多，最后，他的鸽子由开始的三五只增加到了三百多只。

梅兰芳养鸽子出名，养花也出名。他种的牵牛花色彩鲜艳，美丽多姿，让人眼花缭乱。梅兰芳养花可不仅仅是因为花好看、可以打扮庭院，他喜欢种牵牛花也是为了向牵牛花学习。你看，他在演出时头上戴的翠花和身上穿的行头，那可都是很有讲究的。至于如何搭配好颜色，这可不是随意想想这么简单，正是千变万化的牵牛花启迪了梅兰芳：哪几种颜色配合起来鲜艳夺目，哪几种颜色配合起来素雅大方，哪几种颜色不能搭配，哪几种颜色看起来别扭难看，这些技巧都是他在观察牵牛花时感悟到的。

梅兰芳为了种好牵牛花，还读了许多关于养植牵牛花的书籍，他亲自撒种、育苗，给花搭花棚、绑架子。这样，一年年下来，他家的院子里就成了牵牛花的世界。观众们只知道他演出时头上戴的翠花、身上穿的行头色彩搭配得越来越漂亮，越来越和谐，却不知道这里面还有牵牛花的功劳呢。

痴迷于舞台表演艺术的梅兰芳为了提高自己的表演水平，不光向动物学习、向植物学习，生活在他身边的每个人都成了他学习观察的目标。有一次，他对自己表演的旦角吃惊的神态感到不满意，总是改来改去，一次次地尝试，可还是没有找到最满意的方式。

有一天，他看到妻子在给他整理衣服，心中一动，抄起身边的兰花花盆就猛地砸向了地面。"咣当"一声巨响把妻子吓了一大跳，一声尖叫："哎呀！"衣服也被扔得好远。梅兰芳却笑了，因为他已经捕捉到了妻子的神情和动作。

正是因为他时时刻刻都在想着如何演好戏，所以在生活中他时刻揣摩各种人物的动作细节，这样他才会把每个人物都演得那么生动。

⊙ 齐白石 ⊙

名人档案

　　齐白石，画家、篆刻家。初名纯芝，字渭清，后改名璜，字濒生，号白石，又号寄萍老人等，湘潭（今湖南）人。早年曾为木工，后以卖画、刻印为生。中华人民共和国成立后曾任中国美协主席。创作融合传统写意画与民间绘画表现技法，独创新格。擅画花鸟虫鱼，亦工山水、人物。篆刻朴茂劲辣。作品编为《齐白石全集》。

名家名言

1.勿道人之短，勿说己之长；人骂之一笑，人誉之一笑。

2.莫羡牡丹称富贵，却输梨橘有余甘。

3.似者媚俗，不似者欺世，妙在似与不似之间。

名人故事

大器晚成的齐白石

　　齐白石的乳名叫"阿芝"，出生在湖南湘潭县，由于家里穷，只上了一年学就退学了。

　　16 岁的时候他成了一个雕花木匠，所雕刻的花草、人物都很细腻，人们都很喜欢，买的人也很多，但是在农村，一个木匠一年忙到头也挣不了几个钱。27 岁的时候，齐白石正式开始拜胡沁园等人为师学画。

　　本已捉襟见肘的他现在又要学画，笔墨纸砚的费用，都已经是一笔不小的开支了，哪有余钱晚上买灯油供自己画画用？于是他到山坡上折了不少松枝回来，晚上点燃了当灯用，屋子的墙壁因此也被熏得到处都是黑黑的。夜里熬夜作画饿了怎么办呢？凉水是不用花钱的，所以他只能以水充饥。这样的生活不管怎样艰辛，毕竟是安稳的，他的画也从没有间断过。与此同时，他还练会了刻章。那时一个很有名的篆刻名家偶然来到了他的家乡，村里人都纷纷拿着石章请其雕刻，齐白石也拿去了一枚，几天后去取时，这个人让他拿回去磨平了再来。齐白石回去后很用心地磨呀磨，觉得磨得够平了，谁知送去后篆刻名家又让他等，等了多天又是让拿回家磨，一气之下，他就自己刻了起来，虽然刻得不好，但他坚持向名家学习，不断地磨了刻，刻了磨，屋里竟然成了石屑的天下，章自然也越刻越好。这段时间齐白石刻了足足有3000多枚印章，渐渐地，齐白石的章刻得已经非常不错了。

齐白石画画更是入迷，家乡的一草一木都是他描绘的对象，就连他家门前的一块大石头也不知被他画了多少遍，还有院里的牵牛花，墙上的大南瓜，草里的小蚂蚱都被他细细地观察了又观察，写生了又写生。齐白石用自己的勤奋打开了艺术的殿堂。在这座艺术的殿堂里他甘于清贫，甘于寂寞，这也为他打下了坚实的基础。

可是，齐白石一直到40岁都没有离开过家乡，虽然他的绘画和雕刻都有了很大的进步，但却有着很大的局限性。为了开阔眼界，他开始了游历的生活。在此后的数十年当中，他游历了中国的大江南北，美丽的河山和各色的风土人情让齐白石大开眼界。

为了更好地与艺术大师进行交流，他干脆搬到了北京居住。一开始，北京的文化圈并不认可齐白石的画，他的生活很困顿，可是他坚持了下来。这位老人以自己独特的方式摸索着自己的艺术之路。经过了一段时间的融汇和碰撞后，他宣布自己要闭关了。他认为艺术的创作必须得静下心来才能有所突破，只有素材是不够的，必须学会化成自己的东西，然后再抛开自己固定的模式套路，重新整合处理。他整整用了9年的时间，来完成这样的整合和创立画风。这位大器晚成的画家，寂寞了9年后终于开拓出了一条属于自己的道路，他的画风已经突破，并且成就了一个新的格局，他现在是用心在作画，而不再是为了糊口，为了生存。有一次，老舍先生给他出了一个题目《蛙声十里出山泉》，齐白石整整思考了三天才落笔，只见画面上峡谷间泉水流动，有几只可爱的小蝌蚪若隐若现地浮动在波里，让人感觉水声带着蛙声飘荡而来。

齐白石终于成为著名的画家。

◎ 鲁迅 ◎

名人档案

　　鲁迅，我国伟大的文学家、思想家、革命家，原名周树人，字豫才，浙江绍兴人。1918年参加编辑《新青年》，并发表第一篇白话小说《狂人日记》。后创作小说《孔乙己》《药》《阿Q正传》等。曾主编《奔流》《莽原》《萌芽》等文学杂志。著有小说集《呐喊》《彷徨》，散文集《朝花夕拾》，散文诗集《野草》，杂文集《华盖集》《且介亭杂文》等，有《鲁迅全集》。他是中国新文学的奠基者。

名家名言

1.哪里有天才，我是把别人喝咖啡的工夫都用在工作上的。
2.假使做事要面面顾到，那就什么事都不能做了。
3.地上本没有路，走的人多了，也便成了路。

名人故事

幽默的鲁迅

　　鲁迅在厦门大学教书时，曾到一家理发店理发。理发师见来人衣着简朴，心想此人肯定没有钱，随便给他理理得了。于是，三下五除二便完事了。鲁迅先生站起身不仅没生气，反而极其随意地掏出一大把钱给了理发师，这可远远超出了他应该付的钱。理发师大喜过望，脸上立刻堆满了笑。

　　又过了一段日子，鲁迅又来到这里理发，这一次理发师满脸欢喜，恭恭敬敬地给他让座，拿出了看家本领，"慢工出细活儿"地进行理发这项大工程。谁知理完后，鲁迅并没有再现豪爽，而是掏出钱来一个子儿一个子儿地数给理发师，并且一个子儿也没多给。

　　理发师尴尬地说："先生，您上回可不是这样给的。"鲁迅笑着说："您上一次马马虎虎地给我理发，我就马马虎虎地给你钱；这回您认认真真地给我理发，我当然得认认真真地给了呀。"理发师听后一脸惭愧。

　　生活中不如意之事十之八九，怎样去面对确实是门艺术，小到理发这样的琐事，大到演讲这样的场合，鲁迅都能用他独特的幽默谱写独属于自己的人生。

　　鲁迅在授课之余，常被邀请去演讲。他旁征博引，常常妙语连珠，同学们都喜欢他的演讲风格和他所讲的内容。有一次，他风尘仆仆地刚从上海回到北平，就被北师大请去演讲了，题目定为《文学与武力》。他还没有开讲，报纸上对他的攻击就铺天盖地地袭来了。同学们看到这些歪曲事实、胡编乱造的文章，很是气愤。

　　然而鲁迅却在演讲中说："有些大人说我跑到了北平是为了和他们抢饭碗，是'卷土重来'……在这一点上他们应该大可放心，我保证不久我就要'卷土重去'了。"原本很沉重的气氛，被鲁迅风轻云淡地给化解了。

　　这些都是生活中的小插曲，我们知道鲁迅一生都是以笔作枪，和社会的黑暗势力做斗争，写作也是他生活里很重要的一部分。

　　在写作中，幽默更是鲁迅的子弹。鲁迅当时给某出版社撰写书稿，因为他事先从别处听说此出版社从来不会给作者支付标点符号的稿费，所以到交稿的时候，他的稿子上没有一个标点符号。

　　编辑看了半天书稿，实在头疼得看不下去了，只得回信说，难以断句，要求鲁迅把标点符号加上。鲁迅回答说："既然要作者加标点符号，分出段落、章节，可见标点还是必不可少的。既然如此，标点也得算字数。"这时，这家出版社才意识到以前的做法确实欠妥，于是，他们采纳了鲁迅的建议。从那以后，标点符号也终于折算为字数被支付稿费了。看来今天的各位作家还得谢谢我们这位文坛先驱呢！

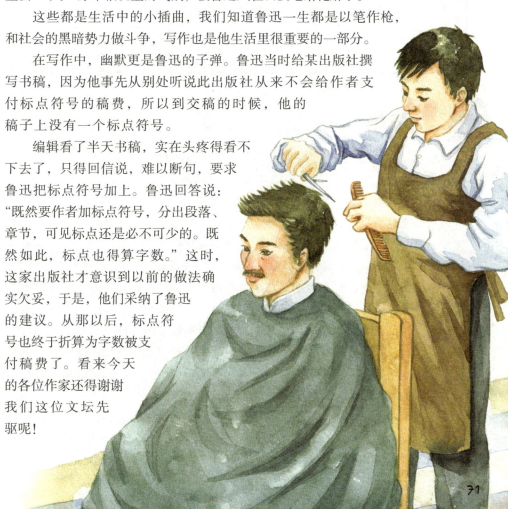

○ 聂 耳 ○

名人档案

　　聂耳，作曲家。原名聂守信，云南玉溪人。1930年至上海，次年入明月歌舞剧社任小提琴师。1933年加入中国共产党，参加左翼音乐、戏剧、电影等工作。作有歌曲《义勇军进行曲》《毕业歌》《大路歌》《新女性》等30余首，另有民族乐队改编曲《金蛇狂舞》等。

名家名言

　　如果知道光阴的易逝而珍贵爱惜，不做无谓的伤感，并向着自己应做的事业去努力，尤其是青年时代一点也不把时光滥用，那我们可以武断地说将来必然是会成功的。

 名人故事

"拼命三郎" 聂耳

　　聂耳是在母亲的教育下长大的，因为他的父亲去世得很早。父亲去世后，母亲不仅要独自支撑着家里的药铺，还要细心地照料聂耳。聂耳的母亲多才多艺，经常给聂耳唱民歌、讲故事。聪明的小聂耳把当地流传的洞经调、洋琴调和花灯调等民间乐曲哼得有板有眼，这可不是一般的孩子能办到的事情。

　　然而迫于生计，长大后的聂耳不得不在上海的申庄采购站做一名再普通不过的稽查员。这样的生活没能维持多久，申庄采购站倒闭了，失业的聂耳独自徘徊在上海的街头。当他看到明月歌舞剧社招聘启事时，他高兴坏了，因为启事中说，被录取的员工每月都可以拿到10元的津贴，而且剧社还管食宿。

　　这对于聂耳来说吸引力可非同一般。聂耳以刻苦自学的成绩和多方面的才能顺利地进入了明月歌舞剧社，正式开始了他的艺术生涯。

　　明月歌舞剧社当时的规模并不大，但上海著名的王人艺、白丽珠，以及影帝金焰等明星都汇聚在了这里，在这些名师的引导下聂耳迅速地成长着。

　　当时，聂耳住的宿舍里有七八个人同住。没有自己的小提琴，他就等别的

同学不练了，借他们的练一会儿。为了不妨碍别人，他练琴时只能站在墙角。但无论条件多么艰苦，他都一如既往地坚持着。

生活就这样继续着。有一天，他帮昆明老家的朋友张庚侯、廖伯民等人在上海代租电影拷贝，得到了100元的报酬，聂耳高兴得心都要跳出来了。他立刻跑到琴行买了一把小提琴。从此以后，聂耳学琴更加努力了。他主动拜王人艺为师，虚心求教，认真练习。

王人艺老师对他要求非常严格。由于聂耳以前学得不系统，手法很不正规，所以学习起来更费劲，常被王老师大声斥责："你怎么那么不用心！"聂耳知道自己碰上了难得的好老师，他只有更加刻苦、更加勤奋才能达到老师的要求。

每当剧社里的同学出去玩时，他只有一个选择：那就是狂补小提琴。小提琴已经成了他的影子、他的伙伴。手指磨破了，缠上胶布继续练；胳膊酸了，甩一甩；脚站麻了，走动一下。就这样，每天7个小时的练习被他严格地执行着，同伴戏称他为"拼命三郎"。

当然，大家叫他"拼命三郎"是有原因的，因为每天的演出任务都已经让人精疲力竭了，他却还要给自己额外再加7小时的训练时间，这不是要自己的命吗？但是聂耳坚持下来了。

从一个穷小子到一代音乐大师，聂耳用他的勤奋谱写着前进的乐章。梦想鼓舞着他前进，他的事迹也鼓舞着一代代中华儿女。

◉ 徐悲鸿 ◉

名人档案

　　徐悲鸿，现代画家、美术教育家。江苏宜兴人。曾留学法国学西方绘画，归国后长期从事美术教育，1949年后任中央美术学院院长。擅长人物、走兽、花鸟画，主张现实主义，于传统尤推崇任伯年，强调国画改革融入西画技法，并强调作品的思想内涵，对当时中国画坛影响甚大。

名家名言

1.人不可有傲气，但不可无傲骨！
2.人到了山穷水尽的地步，而能够自拔，才不算懦弱！
3.每个人的一生都应该给后代留下一些高尚有益的东西。

◉ 名人故事

三顾茅庐的徐悲鸿

　　"草庐三顾不容辞，何况雕虫老画师。海上清风明月满，杖藤扶梦访徐熙。"这是齐白石赠予徐悲鸿的《月下寻归图》上的题诗，在诗中他由衷感激徐悲鸿"草庐三顾"的识拔之恩。

久慕其名

　　1929年秋，徐悲鸿出任北京大学艺术学院院长。他深信只有优秀的师资，才能培养出优秀的学生，为此他用心物色遴选教授。他意向聘请的第一人，便是齐白石。

　　齐白石少年习画，经半个世纪刻苦精勤、不懈努力，终于跻身画坛大家之列，于1920年定居北京，专业卖画刻印。徐悲鸿一向十分赞赏他的人品画技，称他是"真正的艺术大师"。

两顾草庐未果

　　九月初的一天，徐悲鸿来到西单跨车胡同齐白石的寓所。问候过后，道明来意："先生是闻名遐迩的画坛大师，我想请您来艺术学院任教。"齐白石婉言辞谢："承蒙徐院长看重，只是老朽年逾花甲，耳欠聪，目欠明，恕难应命，好意心领了。"

"高等院校的教授中，古稀之年的还不少呢，况且齐先生学识丰富，经您点拨指导，谁能及得上？当下正是大展拳脚之时。"徐悲鸿恭谦地说。

齐白石还是不答应："教授责任重大，还是请您另请高明的为好，我怕误人子弟。"

两天以后，徐悲鸿再次登门拜访，又是盛情邀请，齐白石又以年老为由推辞。求贤若渴的徐悲鸿不愿就此放弃，百忙中三顾齐宅，而且是顶风冒雨而来，再次表敬仰之心，诚恳迫切相邀。齐白石感动之余，解释了"恕难应命"的真实原因："年老体衰而外，是因为老朽木工出身，并未进过学堂，登台教授缺少经验，恐引教师非议，又恐顽皮学生捣蛋，连课都上不成。"

"齐先生的顾虑不无道理，但大可不必。"徐悲鸿情真意切地道，"教授的资格，在于真才实学，不计出身如何。有些留过洋的不也是徒有虚名？齐先生融合传统写意和民间绘画的表现技巧，艺术风格独特。不但能教学生，也可教我徐悲鸿。"

"不敢，不敢，徐院长太谦虚了。"齐白石连连摇头。

"事实正是这样，并非过谦。"徐悲鸿继而保证道，"齐先生上课时，不必长篇理论，只要作画示范，稍加要领提示即可。开学之初，我陪着您上课，为您'护驾'。以防真有个别学生不守纪律。"

齐白石非常感动，终于点头了："那就试一试吧。"

开学那天，徐悲鸿亲自乘着马车把齐白石接到学校，向全校师生恭敬有加地介绍了齐白石的高超造诣。又出言自己将随行，为齐白石"护驾"。考虑到齐白石的确年事已高，徐悲鸿还给予多方照顾：入冬以后天气寒冷，给他在讲台边生个火炉；到了夏天，又给他装个电扇；刮风下雨，就派车接送往来，可谓无微不至。

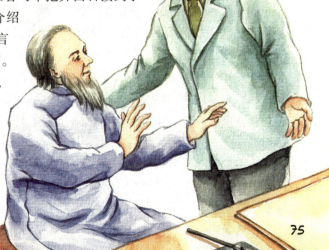

○ 钱学森 ○

名人档案

　　钱学森，应用力学家、系统工程科学家。上海人。1934年毕业于上海交通大学，1939年获美国加利福尼亚理工学院航空、数学博士学位。回国后任中国科学院力学研究所所长、国防科工委副主任、中国科学技术协会名誉主席等职务。在力学的许多领域进行开创性研究，为空气动力学奠定了理论基础。著有《工程控制论》《物理力学讲义》《论系统工程》等。

名家名言

1.常常是最后一把钥匙打开了神殿门，不要失去信心，只要坚持不懈，就终会有成果的。

2.正确的结果，是从大量错误中得出来的；没有大量错误做台阶，也就登不上最后正确结果的高座。

 ○ 名人故事

喜爱钻研的钱学森

　　钱学森是个爱钻研、爱较真儿的人。

　　几乎每个男孩子的童年都有爱玩儿的游戏，扔飞镖相信大家都不陌生。钱学森上小学时，男生们喜欢玩一种飞镖，它是用硬纸片折成的，头部尖尖的，有一对向后斜掠的翅膀，掷出去能像燕子一样飞行，有时还能在空中回旋。

　　钱学森做的飞镖，飞得又稳又远，像施了魔法一般，小伙伴们谁的也赶不上。有人不服气，拿过他的飞镖检查，看看里边是否搞了什么"鬼"。钱学森就把自己的飞镖和小伙伴们的飞镖摆在了一起，让他们仔细看看到底自己的飞镖有什么不同。大家拿起钱学森的飞镖仔细琢磨起来，有的说："你看，他的飞镖比我的折得工整。"有的说："他的飞镖左右特别对称，棱角分明。"这事儿恰巧被老师撞见了。老师走过来，把钱学森的飞镖复原，让他重折一次，果然飞

得又稳又远。

老师让钱学森说一说其中的奥秘。钱学森说："我的飞镖没有什么秘密，我也是经过多次失败，一点儿一点儿改进的。飞镖的头不能太重，重了就会往下栽；也不能过轻，头轻了，尾巴就沉，先是向上飞，然后就往下栽。翅膀太小，飞不平稳；翅膀太大，就飞不远，爱兜圈子。"这些话让同学和老师惊叹不已。

1933年，钱学森在上海交通大学读三年级。

一次考试，钱学森所有的试题都答对了，老师也给了他满分。但是，当试卷发下来以后，钱学森自己却发现了一个不容易发现的小错：在公式推导的最后一步，他将"Ns"写成了"N"。于是钱学森立即指出自己的错误，主动要求老师扣分，并把试卷退给了老师。老师一看，果然这个小错被忽略了，于是扣掉4分，给了钱学森96分。

到了美国，钱学森仍然爱钻研、爱较真儿。

在一次学术讨论会上，一位老教授对钱学森的论文提出了不同意见，钱学森不客气地顶了回去，事后才知这位老教授是大名鼎鼎的力学权威冯·卡门。有一次，在一个学术问题上，钱学森和冯·卡门见解不同，争论得不可开交，冯·卡门大发脾气，把东西摔到了地上，钱学森仍不妥协，默默离开了。次日，冯·卡门充满歉意地对钱学森说："昨天下午，你是正确的，我是错误的。"

1940年，钱学森致力于研究全金属飞机的薄壳结构问题，前后写了5份演算稿。每次都是一而再，再而三地否定自己，推倒重来，一直到第五次，他才觉得满意。草稿一共有七百多页，发表文章时却只有几十页。他把七百多页手稿存放到纸袋里，并在纸袋外面写下了"最终的成果"字样。但他马上想到，认识是无止境的，真理是相对的，于是又写下了"终极的认识是不存在的"。

有一年的圣诞节，学校放假，同学们都出去玩了。有一个犹太学生留在教室里学习，他想这时不会有旁人了，就把收音机开得很响。这个犹太学生正一边学习一边听收音机，突然听到隔壁有敲墙的声音，犹太学生这才意识到自己放音乐影响到别人了，同时又觉得十分奇怪，今天还有谁会来学习呢？犹太学生来到隔壁教室一看，原来是中国学生钱学森，就抱歉地说："对不起，我以为只有我们犹太人才会这样勤奋，没想到还有比我们更勤奋的。"

钱学森笑了笑，说："天上不会掉馅饼，只有靠自己的努力才能做出成绩来。"

正因为这样，钱学森才攀登上了科学高峰。

● 华罗庚 ●

名人档案

　　华罗庚，数学家。江苏金坛人。初中毕业后自学成才。1936年去英国剑桥大学留学。历任西南联合大学、普林斯顿大学、伊利诺伊大学、清华大学教授，中国科技大学校长，中科院数学研究所、应用数学研究所所长。在数学领域有创造性的贡献，对应用数学方法的普及也做了大量工作。共发表论著二百多种、科普读物十余部。

名家名言

1.在寻求真理的长征中，唯有学习，不断地学习，勤奋地学习，有创造性地学习，才能越重山，跨峻岭。

2.日累月积见功勋，山穷水尽惜寸阴。

● 名人故事

爱动脑筋的华罗庚

　　华罗庚从小就是个很聪明的孩子，很爱动脑筋。

　　金坛县城东的青龙山上有座庙，每年那里都会举行庙会。华罗庚是个爱凑热闹的人，凡是有热闹的地方几乎都少不了他。

　　有一年，华罗庚同大人们一起去赶庙会。他看见一位头插羽毛、身穿花袍，打扮成"菩萨"模样的人骑着马从青龙山上下来。路上的老百姓纷纷跪拜，还向"菩萨"拎着的小罐里投钱。

　　华罗庚感到很可笑，站着不愿意跪拜。一旁的大人见后很生气，训斥道："孩子，你为什么不拜？这菩萨可灵了，是青龙山上的神仙呢！"

　　庙会散了，看热闹的老百姓都回家了，而华罗庚却一路跟踪着"菩萨"，看到他走进青龙山庙里。

　　华罗庚将门拉开一条缝，探头向里偷看：只见"菩萨"脱去花衣服，又抹去脸上的油彩，得意地数起小罐里的钱来。华罗庚惊呆了！这"菩萨"不就是他认识的一个村民嘛！

华罗庚赶紧下山，将"菩萨"骗人的事告诉了村民。从此，人们都对这个孩子刮目相看了。

上初中后，华罗庚爱上了数学。学好数学成了他一生奋斗的目标。

初中毕业后，华罗庚因交不起学费而失学。他回到家乡，在父亲的杂货店里帮忙。华罗庚从班主任王维克老师那儿借来一些数学书，开始自学。

父亲看到华罗庚整天捧着一本本写满古怪符号的"天书"，气就不打一处来，训斥他说："书又不能当饭吃，还不赶快招呼顾客？再看，我就把书扔到火炉里烧了！"

杂货店生意不好，父亲白天帮人收购蚕丝，晚上算账。他每晚要算到很晚，还常常算错。金坛有"拜狐仙"的迷信风俗，父亲就点上香烛，求狐仙帮忙。可是求了狐仙，还是算不清账目。

华罗庚在里屋闻到香烛的气味，出来说道："不要求狐仙了，我来帮您算吧！"父亲不相信儿子有这本领，但又没别的法子，只好把两大本账簿交给他。

结果华罗庚没花多少时间就把账目算清了。父亲一看，脸上露出了微笑，心里暗想："天书"还真有些用啊！

华罗庚19岁的时候，不幸染上伤寒，最终虽然痊愈，却留下了终身的残疾——左腿的关节变形，成了瘸腿。当时，他有过迷茫、困惑，甚至绝望。

华罗庚想起了受到酷刑后仍发愤写兵书的孙膑："古人尚能身残志不残，我才19岁，更没理由自暴自弃，我要用健全的头脑，代替不健全的双腿！"他振作起来，白天拄着拐杖干活，晚上在杂货店关门后，在油灯下自学到深夜。

1929年，华罗庚敢于挑战权威，在当时中国自然科学方面最权威的《科学》杂志上，发表了一篇论文——《苏家驹之代数的五次方程式解法不能成立的理由》，而苏家驹是当时相当有名的大学教授。

这篇文章惊动了清华大学的数学系主任熊庆来。当他得知作者华罗庚只念过初中时，惊奇不已，立即做出决定："应该请这个年轻人到清华来！"

华罗庚来到了清华大学，每天废寝忘食、刻苦读书。他研究问题，总能抓住问题的核心。熊庆来碰上难解的题，有时也来问他。没多久，华罗庚的论文就开始在国外著名的数学杂志上陆续发表。

第二年，只有初中学历的华罗庚破了清华大学的先例，升任为助教。1936年，26岁的华罗庚被清华大学派往剑桥大学留学。在剑桥的两年内，他写了十多篇论文，引起了国际数学界的注意。华罗庚成为蜚声世界的青年学者。

● 袁隆平 ●

　　袁隆平，杂交水稻专家。生于北京，西南农学院毕业。20世纪60年代初开始致力于杂交水稻的研究，70年代起先后主持育成了南优2号等杂交水稻品种。1975年与人合作研究出一整套生产杂交种子的技术，使杂交水稻得以大面积推广，比常规良种增产约20%，被国际同行誉为"杂交水稻之父"。著有《杂交水稻简明教程》等专著和论文20余篇。

名家名言

1.中国完全能解决自己的吃饭问题，中国还能帮助世界人民解决吃饭问题。

2.我不在家就在试验田，既不在家又不在试验田，那我一定在去试验田的路上。

名人故事

让饥饿远离中国的袁隆平

　　20世纪60年代的大饥荒，对于那个时代的人来说刻骨铭心，很多人因为饥饿得了浮肿病，最后失去了生命。袁隆平和他的学生们一样也是每天饥肠辘辘的，时刻都有倒下去就起不来的危险。

　　每天身边都有熟悉的人离去，有上了年纪的，还有青壮年，死因只有一个——饿。沉痛的现实让袁隆平感到悲哀。

　　然而，就在他带着40名农校的学生去硖州公社秀建大队参加生产劳动的时候，发生了一件事，让他有了方向。那天，房东老向冒着倾盆大雨挑了些稻谷回来了。袁隆平问："这么大的雨，你去哪儿弄来的稻谷？"老向说这是他跑了很远从另一个村子换来的稻种。

　　袁隆平感到有些奇怪，问："为什么要特意去换稻种呢？"

　　"那里的稻子都种在高坡朝阳的田地里，谷粒儿颗颗饱满，年年产量都高。

常言道'施肥不如勤换种'，这话真是有道理！去年我们生产队用的就是从那里换来的稻种，田里的产量一下子提高了不少，你看今年我家就没有吃国家的返销粮了。"面对全国性的饥荒，朴实勤劳的老乡们不是坐着等国家来救济，而是主动想办法自救，想办法来提高稻田产量，袁隆平很受感动，也很受启发。看来改良稻种、提高产量是一条出路，这对于全国人民战胜饥饿可能具有非常重要的意义。袁隆平想：自己该努力了，一定要尽快培育出高产量的好种子，这才是对国家最大的贡献。

从此，他把实验的种苗看成了自己的"命根子"，试验田就成了他常年的家。

可是在 1968 年的 5 月 18 日，竟然有人把试验田里的秧苗全都连根拔起，整个试验田一片狼藉，袁隆平看到后感到一阵眩晕。"这是谁干的？"愤怒的他心疼得喘不过气来，手脚发抖地抚摸着那些无辜的秧苗。忽然，他的眼前一亮，在被扔弃的秧苗下，竟然还有一棵不起眼的小嫩苗。他惊喜地、小心翼翼地开始整理田地，最后总共发现了五棵幸存的秧苗。这五棵秧苗成了他的宝贝，成了他的全部希望。

他年复一年地挑选、配种，一批批优质的种子从这里被送了出去。然而我们国家的土地面积太大了，稻种对不同的气候和土壤的反应也不同。所以他不断地努力开拓新品种，使得新品种的适应面更广，产量也更稳定。

有一年春天突然发生倒春寒，袁隆平的试验场地没有控制温度的设备，好不容易得到的种子很可能会被冻伤。为了保住他的这些"命根子"，袁隆平果断地把种子包好，蒙上塑料薄膜，缠到了自己的腰上开始给种子保温。

学生们都笑了，说老师的样子实在是太可爱了，自己也要做一回孕育种子的大地了。

就这样，经过多年忘我的努力，越来越多的优质种子被袁隆平和他的科研小组培育了出来，为我国和世界的农业发展做出了巨大的贡献。因此，袁隆平被世界誉为"杂交水稻之父"。

◉ 王永志 ◉

名人档案

王永志，中国工程院首批院士，中国国家科技最高奖获得者，火箭技术专家，中国载人航天工程高级顾问，是"长征二号"捆绑式运载火箭的主要倡导者之一和研制总指挥。曾任中国火箭研究院院长，1992—2007年担任中国载人航天工程总设计师。

◉ 名人故事

让火箭腾飞的王永志

在中国航天发展的历程中，有一位既爱编织梦，又能圆梦的人，他先后主持和参与主持研制的6种航天型号取得首次发射无一次失败的骄人战绩。2003年10月15日，当"神舟五号"飞船载人飞天后，他又圆了一个最大的梦。他就是中国航天领域知名的火箭专家、中国工程院院士、中国载人航天工程总设计师王永志。

正是这位总设计师，让中国火箭腾飞得更高、更快。

1988年12月14日，航天部部长林宗棠向王永志传达任务："18个月后捆绑火箭必须竖立在发射平台上，否则，取消合同，罚款100万美元。你们能做到吗？"

"好，没问题，保证完成任务。"王永志听到任务时，心里一紧，18个月，那可是一眨眼的工夫，时间这么短，能完成吗？但他随即就打消了这个念头，机遇和风险永远并存，没有挑战哪行，所以他还是爽快地答应了。

这个任务其实是王永志"自找"的，因为最初的方案是他自己提出的，只是没想到国务院会这么快就批准了。

自从王永志担任中国运载火箭技术研究院院长开始，他就大刀阔斧地进行了一系列的革新，商业与科技紧密结合就是他主持工作的一个重要方向。当时，国际航天市场上"挑战者号"航天飞机爆炸，"阿里亚娜"火箭接连失利，人们开始怀疑运载火箭的前景，一些国家的大型卫星的发射任务明显被搁置，没有几个国家敢在此时出来承担这项任务。

王永志却从中看到了机遇。对别人来说这是风险，但对中国运载火箭的研发来说这却是一个大好的机会。他果断地向航天部提出，就以现在的"长征二号"火箭为基础，抓紧时间研制大推力捆绑火箭，让火箭近地轨道的运载能力迅速地由 2.5 吨提高到 8.8 吨，抢占国际市场，承揽发射卫星的任务，这可是将中国的运载火箭推向国际市场的大好机会。

人生能有几回搏？王永志在回去的路上一边盘算着细节，一边给自己加油鼓劲，12 月份的寒冷没能阻挡这位中年男子的豪情飞扬。

回到研制中心，王永志立刻召集了研发小组的全体成员，他满怀激情地对大家说："我们这次的任务相当艰巨，但是机遇和风险时刻并存，困难永远与希望同在，我们当前的工作重点就是要突破火箭捆绑的能力，提高推进剂的效率以及完善大型的整流罩。大家有信心完成这个任务吗？"

大家一听有仗要打，哪儿有不乐意的？只见他们相视一笑，纷纷回应道："我们这组没问题。""我们也没问题。"

王永志笑了，他已经带领自己的团队打了好几个漂亮仗了，相信这一次也没问题。

18 个月内，王永志和他的团队不知克服了多少困难，迎接了多少挑战，担惊受怕了多少次，从方案制定到实施，从零部件到组装、试验，反复地改进、重来、修正，寻找原因，突破，否定，再次重组……

在大家日夜奋战了 18 个月后，捆绑火箭终于如期竖立在了西昌航天城的发射平台上。但是，好事总是多磨，就在火箭发射前的最后一刻，推进剂竟然泄露了，有些工作人员还中了毒。

王永志不愧为久经沙场的老将，他果断地命令立刻用氮气置换推进剂蒸汽，迅速卸压，马上运用强力通风。转眼间一场危机就化解于无形。

人们敬仰这位战役的指挥者，赞叹他那临危不乱、镇定自若的风采。

终于到了准备发射的时刻。"10、9、8、7、6、5、4、3、2、1，发射！"巨大的火箭拖着它那美丽的焰火直冲蓝天。

此时有多少工作人员眼含泪花，他们成功了。

"火箭起飞正常。"

"火箭转弯正常。"

"发动机转换正常。"

一切正常，当战役完美地拉上帷幕的时候，王永志一身轻松地走进了食堂。一进食堂，他就要了一大碗红烧肉，好像此生第一次吃肉似的！

● 冰　心 ●

名人档案

　　冰心，女。中国当代小说家、散文家、诗人。原名谢婉莹，福建长乐人。1921年参加文学研究会。1923年留学美国，陆续写作散文，结集为《寄小读者》。1926年回国后在燕京大学、清华大学等校任教。抗战胜利后去日本，曾在东京大学执教。中华人民共和国成立后曾任中国作协书记处书记、中国文联副主席、民进中央副主席、全国政协常委。著作丰富，尤以散文见长。著有诗集《春水》《繁星》，儿童文学作品集《小橘灯》《再寄小读者》《三寄小读者》等。有《冰心文集》。

名家名言

1.成功的花，人们只惊美她现时的明艳！然而当初她的芽儿，浸透了奋斗的泪泉，洒遍了牺牲的血雨。
2.青春活泼的心，决不作悲哀的留滞。

名人故事

没有完成心愿的冰心

　　冰心从小爱读书，七岁之前，她就常常缠着舅舅给自己讲《三国演义》的故事，里面曲折的情节、生动的人物形象深深地吸引着冰心。可是舅舅总是有事儿，只能一段一段地给冰心讲。冰心等不及，于是自己拿起《三国演义》看。开始的时候，她大半看不懂，囫囵吞枣般硬着头皮地看下去。慢慢地，她可以理解一些书里的内容了，就越看越入迷。看完了《三国演义》，就找来《水浒传》《聊斋志异》……

　　童年的读书经历，为冰心以后的创作打下了坚实的基础。

　　1919年9月，《晨报》以连载的形式发表了署名为"冰心"的小说《两个家庭》，从此，"冰心"这个名字就出现在了中国文坛上，而且影响越来越大。1923年，冰心以优异的成绩取得美国威尔斯利女子大学的奖学金，赴美留学。出国留学前后，她陆续发表总名为《寄小读者》的通讯散文，这些作品成为中国儿童文学的奠基之作，当时二十岁出头的冰心，已经名满中国文坛。

冰心的一生，创作了大量广为流传的作品，还翻译了多本著作。即使到了八十岁，她也仍然没有放下手中的笔，而是继续着自己人生创作的高潮。但是，就是这样一位文采飞扬、著作等身的作家，却有一个未了的愿望：她想写一部史学巨著，提起笔却一个字也写不出来。

冰心出生在一个海军军官家庭，她的父亲谢葆璋参加过甲午战争，后来在烟台创办了海军军官学校并出任校长。冰心从小在烟台的大海边长大，大海陶冶了她的性情，开阔了她的视野。而父亲的爱国情怀和强国之志也深深地影响着冰心的幼小心灵。

在一个夏天的傍晚，父亲带着冰心在海边散步。望着无边无际的大海，远方小岛上的灯塔在夕阳的余晖中一闪一闪地发着红光，冰心说："爹，烟台的海滨真美！"

父亲仰天慨叹："中国北方的海岸好看的港湾多的是，比如说威海卫、大连湾、青岛……何止烟台一个呀！"

冰心马上说："爹，那你带我去看看吧，我每个都要去！"

幼小的冰心哪里知道，现在这些港口都已经被外国侵略者占据了。她的话深深地触痛了父亲的心，父亲表情沉痛地回答冰心："现在我不愿意去！你知道吗？那些港口现在已经不属于中国人了，威海被英国人占领了，大连被日本人占领，青岛被德国人占领，现在，只有烟台是我们的！"父亲的话深深地影响了冰心幼小的心灵，并留下了一生的烙印。以至于时间转换到1994年，冰心还毅然对友人们说："我要写一部大作！"

这一年是甲午战争100周年，冰心所说的大作，就是要为纪念甲午战争写一部中国海军的百年变迁史。此后，冰心的案头上摆放了好几部厚厚的中国海军史。她还将海军司令部的军官请来，详细地咨询中国当代海军的建设和发展情况。

这位年逾九旬的老人，想要为甲午战争的100周年写出一部怎样的大作呢？冰心为此多次提笔，最终却一个字也没有留下！不是因为生病，而是因为痛苦！因为一想起甲午战争，冰心就会激动得一边哭，一边说："气死我了！真可恨！真可恨！"以至于每次还未动笔，纸面已经被泪水打湿了，这是一种怎样的情怀啊！

可惜的是，1995年9月，冰心因为病重住院，从此再也没有回过家，她被迫放下笔和纸。之后，她在床上一躺就是三年多，在1999年2月28日，永远地离开了这个世界。在她离开的时候，她的眼睛里面充满了泪水，仿佛眼前满是波涛激荡的大海，大家明白冰心老人的心里仍然记挂着自己未曾动笔的巨著。

● 李嘉诚 ●

名人档案

李嘉诚，长江实业集团董事局主席。1928年出生于广东潮州，1940年为躲避日本侵略者，全家逃难到香港。1958年，李嘉诚开始投资地产市场。1979年，"长江"购入老牌英资商行——"和记黄埔"，李嘉诚因而成为首位收购英资商行的华人。1995—1997年任特区筹备委员会委员。

名家名言

1.不为五斗米折腰的人，在哪里都有。你千万别伤害别人的尊严，尊严是非常脆弱的，经不起任何的伤害。

2.知人善任，大多数人都会有部分的长处、部分的短处，各尽所能，各得所需，以量才而用为原则。

● 名人故事

还不回伞的李嘉诚

一天，刚刚创业的李嘉诚正在外面跑业务，突然天气变了，瓢泼大雨让他狼狈不堪，他只能就近躲在学校门口。他望着眼前肆意下着的雨，一筹莫展。自己还有那么多事情要去做，真不知道这雨什么时候能停。

这时，陆续有学生撑着伞来到了学校，看到在校门口躲雨的李嘉诚，有的人嫌恶地嘟嘬几句侧身走进了校门，有的还交头接耳暗暗地笑了起来。李嘉诚感到非常不好意思，自己全身上下都湿透了，样子肯定很滑稽。

这时，有个中学生打着伞走了过来，当他看到李嘉诚的时候，没有像其他同学那样径直走开，而是停下了脚步，他走到李嘉诚跟前，腼腆地说："叔叔，你先用我的伞吧。"

李嘉诚吃惊地问："那你呢？"

眼前的中学生说："我已经到学校了，跑进去就行，你记得放学时还给我就

行啦。"说完，中学生就飞快地跑进了学校。

这把伞可解了李嘉诚的燃眉之急，多亏这把伞，李嘉诚又马不停蹄地接连跑了好几个地方处理了很多事情，结果等到他想起来还伞的时候，已经夜深了，只能等第二天了。

第二天，李嘉诚早早就来到了学校，可是等了很久，也没看到那个中学生。他不死心，下班后又等在学校门口，依然没能见到昨天送伞给他的那个热心肠的中学生，李嘉诚心中感到有些遗憾。他仍不死心，第三天、第四天、第五天……一直坚持了七天都没有看到那个中学生，他不知道那个中学生的名字、班级，想查找都没办法，只得暂时把此事放下。

当李嘉诚的事业渐渐步入坦途，这把已经有历史的伞，竟然成了他的宝贝，时常被他放在身边最显眼的地方，也成了他寻找那个中学生的重要线索。

斗转星移，20多年弹指间就过去了，李嘉诚的事业已经是如日中天，但是那个他一直寻找的中学生却依然踪影全无。李嘉诚把这个多年心愿当成重要任务交给了行政部的张经理。

李嘉诚吩咐道："希望你全力找到这把伞的主人，如果有消息立刻告诉我。"年轻的张经理恭恭敬敬地收下了这把伞，并说自己会尽力寻找这把伞的主人。

但是过了很久，李嘉诚接连催问了几次，张经理始终说自己没能找到这把伞的主人。李嘉诚认为这位张经理有些不堪重任，还是先下放到基层再锻炼一段时间比较好。

谁知，就在张经理临走那天，却主动找到了李嘉诚，他说："李总，我希望能带走这把伞，可以吗？"

李嘉诚以为张经理还想继续完成寻找这把伞主人的任务，于是说："这件事你就不必再继续做了，我会另外找人接替你的工作。"

张经理没有立刻回话，但是他犹豫后淡定地说："李总，其实，您根本不用再找这把伞的主人，我就是您要找的中学生。"

李嘉诚一愣，但很快就笑了："你？请不要开不必要的玩笑。"

张经理诚恳地说："我不会拿这么重要的事情开玩笑。当年，放学的时候我等不到先生来还伞，只得回去了，第二天我就转学了，也就没再把这件事放在心上。后来，我到了英国上学，一去就是多年。等回到香港后，竟然来到了您手下办事，我早就知道这把伞是我的，您就是当年借伞的人。可是，事情都过去这么久了，您又是如此成功，我也就为了避嫌没有认领。我现在只是想澄清事实，并不想得到您的奖赏，也不想让您再浪费精力找这把伞的主人了。所以，还是把伞还给我比较好。"

李嘉诚愣了，"众里寻他千百度，蓦然回首，那人却在灯火阑珊处"。自己寻觅了多年的人，竟然主动站在了自己的面前，他激动地说："张经理，这把伞对于我的意义我就不用多说了，我早已把它视为我创业时的10%的股份，今天终于找到你了，这10%的股份该物归原主了。"

张经理谦恭地说："谢谢，只要您把伞还我就行啦。"

外国卷

◎ 达·芬奇 ◎

名人档案

列奥纳多·达·芬奇，文艺复兴时期意大利著名画家。他的杰作《蒙娜丽莎》《抱着银鼠的女人》《最后的晚餐》等，体现了他精湛的艺术造诣。

名家名言

1.趁年轻少壮去探求知识吧，它将弥补由于年老而带来的亏损。智慧乃是老年的精神的养料，所以年轻时应该努力，这样年老时才不致空虚。

2.你如果要做一个艺术家，你要牢记：必须开阔你的胸襟，务使心如明镜，能够照见一切事物，一切色彩！

名人故事

全心作画得以成功的达·芬奇

全心画盾牌

达·芬奇从小就特别喜欢画画，而且很有天赋，几乎见过的每一样东西他都能按照其大概模样画出来。

一次，父亲指派给他一项重要的任务，让他画一块木制盾牌作为礼物送给邻居。面对如此重托，达·芬奇不敢怠慢，他没有匆匆下笔，而是非常用心地查找相关的资料，认真地选材构思，琢磨了好多天才开始在屋里认真地画起来。整整用了一个多月的时间，他才把盾牌画成。

达·芬奇在盾牌上画的是一个两眼冒着火、鼻孔里生着烟的妖怪头像。达·芬奇对自己画的这个盾牌很满意，在让父亲来看之前，他还进行了一番精心的布置。达·芬奇首先将屋里的门窗全都关好，但是留了一道缝隙让一缕光线恰巧照在这个面目狰狞的妖怪头上，周围黑漆漆的，看着有点儿神秘而且恐怖的味道。然后他高高兴兴地去请父亲来看。当父亲轻轻推开门的时候，一眼就看见一个凶恶的大妖怪，没有心理准备的他被吓了一大跳，不由自主地往后退了一大步。

达·芬奇笑了，他要的就是这种效果。他调皮地对爸爸说："爸爸，别害怕，这是我完成的画！"

父亲听后，便走进屋里认真地看起来，达·芬奇画得太好了，最后父亲鼓励他说："你以后好好学画画吧，只要努力一定会有很大的成就。"

尽心学画蛋

达·芬奇14岁的时候，父亲就把他送到了佛罗伦萨最著名的艺术家委罗基奥那里开始正式学画画。老师非常喜欢这个天赋极好的学生，所以对他要求也就格外严格。

这位老师的授课方式有些特别，他为了让达·芬奇练好基本功，很长一段时间，每天让达·芬奇画鸡蛋。达·芬奇刚开始还很配合老师，但是十几天过去后他实在受不了了，于是就问老师："为什么天天只是画鸡蛋呢？我也应该学学画别的东西了吧？"

老师耐心地对自己的爱徒说："练习画鸡蛋，不光是训练你对基本形状的把握，更重要的是训练你眼光的敏锐度，虽然你每天画的都是鸡蛋，但是，你没发现鸡蛋摆放的位置不同吗？昨天的鸡蛋和今天的鸡蛋有什么区别，你能把它表现出来吗？只有发现它们有不一样的地方，你才能把它们准确地画出来，一直画到手可以很好地听从大脑的指挥，那你的功夫才算到家了。"

聪慧的达·芬奇很快就领悟了老师这番话的深意，他开始静下心来一心一意地练习画鸡蛋，他每天画的鸡蛋越来越多，表现手法越来越丰富。因为总是埋着头画画，他的脖子都疼得没法转动了，可是他还是在坚持着。经过几个月的练习，达·芬奇终于能够把眼前的鸡蛋很完美地表现出来。这时，他发现在画其他东西的时候一眼就能抓住所画东西的特征了。

经过多年的刻苦学习，达·芬奇终于成为杰出的画家。他画的《最后的晚餐》《蒙娜丽莎》这些名画都成了传世精品。

◎ 培 根 ◎

名人档案

弗朗西斯·培根，英国文艺复兴时期最重要的作家、哲学家之一。他不但在文学、哲学上多有建树，在自然科学领域也取得了重大成就。

名家名言

1.除了一个真心的朋友之外没有一样药剂是可以通心的。对一个真心的朋友你可传达你的忧愁、欢悦、恐惧、希望、疑忌、谏诤以及任何压在你心上的事情。

2.如果把快乐告诉一个朋友，你将得到两份快乐，而如果你把忧愁向一个朋友倾吐，你将被分掉一半忧愁。

 ◎ **名人故事**

自己的路自己走的培根

培根的父亲是一个大法官，是英国女王的掌玺大臣，这可是英国非常重要的官职。成年后的培根也担当了此重任。也许正是因为培根遗传了父母的优良基因，他从小就非常聪明，学习成绩非常优异。

但是当他 12 岁的时候，活泼好动的他却要被父亲送进剑桥去学习神学。培根对神学不像父亲那么热衷，他甚至有些讨厌神学，为此，他与父亲没少沟通，然而胳膊拧不过大腿，最后培根还是服从父亲去学习了神学。

培根只能消极抵抗，他偷偷跑到图书馆去看自己喜欢的书。就这样，除了神学、法律、历史、政治、文学以及自然科学各个领域的书都被他一股脑儿装进了自己的脑袋。然而不久，好读书的培根因为逃课被老师告到了父亲那里。

父亲严肃地警告他："再不好好学习可不要怪我不客气！"是不是所有的父亲都是这样的态度？总之，培根像所有的少年一样，他更愿意做自己想做的事情。勇敢的培根开始同父亲"谈判"了。

"我不打算继续学神学了。"面对老问题，培根觉得这次态度应该更坚定一些。

　　"理由？"

　　"神学已经不适合现在的社会需要啦，我觉得如今的年轻人应该更多地关注法律、文学或自然科学……"培根可不是以前的培根了，他这几年在图书馆可不是白泡的，他叽里咕噜地给父亲摆起了"龙门阵"，说得是有理有据，头头是道，大有慷慨陈词的架势。

　　父亲有些沉默了，这小子，这些年看来长进不小，身为国家重臣的父亲岂能不知道培根说的这些知识更加贴近生活，国家现在也更需要这方面的人才，可是他多么希望培根能站在自己的肩膀上在神学的领域有进一步发展哪！算了，既然培根这么坚定地要学这些世俗的知识，那就顺其自然吧，总算孩子没有荒废岁月，还是在很努力地吸取知识呢。所以他决定同意培根的选择。

　　"好吧，你可以转到葛雷法学院去读法律，明天就去吧，我会给你安排好的。"

　　培根惊讶了，这么简单，父亲竟然同意了！他太高兴了，看来自己终于可以在父亲面前讲道理了，父亲也不是不通情理的人。他喜滋滋地谢过父亲，就准备第二天的功课去了。

　　葛雷法学院里的老师可都不是一般人。培根虚心地向这些有丰富学识和经验的大律师们学习着，求教着。在这里，他对法律有了更深的理解，此刻的他已经明白了自己的使命是什么。

　　后来，培根作为英国驻法大使的随员到了法国，在那里他认真研究了法国的政治、经济情况。等到再次回到伦敦的时候，他已经是一个眼界更为开阔、做事更加稳重可靠的人才了。又经过了一段时间的准备，他成功地当选为国会议员。

　　培根积极地参与政治活动，完善国家法律。经过多年的努力，他被任命为首席检察官，直至担任了掌玺大臣。身为掌玺大臣的他不光政绩卓著，在许多研究领域也都取得了非常丰硕的成果。培根成为英国历史上最令人敬仰的政治家、哲学家之一。

❀ 莎士比亚 ❀

名人档案

　　威廉·莎士比亚，是文艺复兴时期英国伟大的戏剧家和诗人。他的代表作有悲剧《哈姆雷特》《奥赛罗》《李尔王》《麦克白》，喜剧《仲夏夜之梦》《威尼斯商人》《第十二夜》《皆大欢喜》，历史剧《亨利四世》《亨利五世》《理查三世》等。

名家名言

1.书籍是全世界的营养品。生活里没有书籍，就好像大地没有阳光，智慧里没有书籍，就好像鸟儿没有翅膀。

2.疑惑足以败事。一个人往往因为遇事畏缩的缘故，失去了成功的机会。最好的好人，都是犯过错误的过来人；一个人往往因为有一点小小的缺点，更显出他的可爱。

 名人故事

在想象中塑造现实的莎士比亚

女王来啦

在英国中部，美丽的埃文河滋养了多情的人们。莎士比亚的家就坐落在这里。

这天，小镇热闹非常，人们奔走相告："女王要来我们这里啦！女王要来我们这里啦！"原来伊丽莎白一世女王已经巡视到了这里，那些贵族、乡绅都忙碌起来，处处张灯结彩像过节一样。孩子们天生爱热闹，当然都渴盼着天天过节，他们丝毫不关心女王的到来是不是能使他们生活得更好，只是好奇地观看着，追逐着。他们欣喜地看到街上突然增加了很多衣着异常华美的人群。

更让孩子们高兴的是，皇家剧院将在这里进行表演。11岁的莎士比亚同伙伴们一样很兴奋，他还是第一次看到这么大的场面，这么大的舞台，第一次听到舞台上的人说着他似懂非懂的台词。

与其说他喜欢女王的到来，倒不如说他是喜欢皇家剧院的到来。他看着舞

台上的人，远远地看着女王的身影，这些就像一场梦一般，华丽而炫目。转眼侍卫护卫着女王离开了，舞台撤走了，莎士比亚却不愿这场梦就此醒来。

于是，他勇敢地告诉自己的母亲，他要追着女王的队伍到伦敦去，可是母亲却不同意，因为他的年纪还太小。母亲告诉他，只要他努力学习，他也会过上那样的生活。

莎士比亚虽然无法立刻离开家乡，加入女王那浩浩荡荡的巡视队伍，他却开始无比执着地同伙伴们开始了新的游戏，那就是模仿女王的队伍，表演他们看到的在剧院里上演过的情景剧，一次次地再现当时的场景，每一次的游戏表演，他都会沉醉其中。久而久之，他和小伙伴们的表演竟然有模有样了。大人们也喜欢闲暇之余拿他们的表演打趣。莎士比亚兴致更高了，他把从生活中看到的现象不知不觉地就运用到了戏剧表演当中，表演的范围扩大了许多，砍柴的人、打猎的人都成了他表演的对象，他还学会了写打油诗来即兴表演。在美丽的乡村，莎士比亚快乐地成长着。

逐梦时光

莎士比亚终于长大了，可以独立了。他决定离开家乡，到他向往已久的伦敦去。他要到皇家剧院去，他觉得那里才是他真正的舞台。然而到了伦敦，事情并没有他想象的那么简单。没有学历，没有人帮他推荐，别说进皇家剧院了，他连一份像样的工作都找不到。但是有志者事竟成，莎士比亚最后竟然意外地得到了一个马夫的工作，你可别小瞧这个不起眼儿的马夫职位，在莎士比亚的眼里那可是通向舞台的阳关大道。

"马夫！不长眼的家伙！没看到公爵的马车已经进了大门吗？"剧院经理呵斥着刚来的莎士比亚。"是！马上！"莎士比亚赶紧放下手里的活跑到大门口迎接公爵的马车，他从随从的手中接过缰绳，毕恭毕敬地等待着公爵走下马车。

"小心伺候着！我家的马脾气可有点儿烈，喜欢通风明亮的马厩、新鲜的草料，伺候好了有赏，若有闪失，小心你的狗腿！"随从趾高气扬地吩咐道。莎士比亚赔着笑，哈着腰，点着头，等公爵一行人走了进去，他才把马安排妥当。虽然每天都少不了这样的低声下气，然而当戏剧开幕以后，莎士比亚就可以免费看戏啦。台上演着，莎士比亚心里也在演着，他还不断地修改着舞台上的细节。他想，如果让他来写剧本，他会写得更形象、更生动，当然他也把心里的渴望放到了舞台角色当中。比如生活中他是卑微的马夫，但是他会在戏剧当中让这个马夫时来运转，来个翻天覆地的大逆转。

莎士比亚观察着，思考着，创造着，终于在一段时间的沉淀后，他成功地写出了一系列的剧本，这些剧本搬上舞台后大受欢迎。

◉ 瓦 特 ◉

名人档案

　　詹姆斯·瓦特，英国发明家。工业革命时期的重要人物。自学成才。英国皇家学会会员和法兰西科学院外籍院士。对当时已出现的蒸汽机原始雏形做了一系列的重大改进，提高了蒸汽机的热效率和运行可靠性，还发明了气压表、汽动锤等，对当时社会生产力的发展做出了杰出贡献。

 **名人故事**

善于思索的瓦特

　　瓦特小的时候，常常坐在他祖母的厨房里，对那里的什么事情都想问个为什么。有一天，当他坐在厨房里的时候，他的注意力被那吊在火炉上的水壶吸引住了。水壶里的水开始冒泡，一股水蒸气从壶嘴里喷了出来。接着，水壶盖"咔嗒咔嗒"抖动起来，蒸汽一个劲儿地往外猛喷。瓦特揭开壶盖往里看，可是，除了水以外，他没有发现别的东西。

　　"奶奶，水壶里是些什么？"他问道。

　　"是水，我的孩子。除了水，没有别的东西。"祖母说。

　　"但是，我看壶里肯定还有一点别的什么东西，是它把水壶盖掀起来，弄得咔嗒咔嗒响。"

　　祖母笑了起来，"哦，那不过是蒸汽罢了。你可以看到它从水壶嘴和盖子底下喷出来。"

　　"可是你刚才说，壶里除了水没别的东西。那蒸汽又是怎么钻到壶盖底下去的呢？"

　　"哦，我的小宝贝，那是从热水里跑出来的，热水是会产生蒸汽的。"

　　小家伙揭开壶盖又往里头看了看。除了沸腾的水，他还是没有看到别的东西。难道蒸汽只有跑到水壶外面才看得见？

　　"真奇怪！"他说，"这蒸汽力量一定很大，把水壶盖都掀起来了。这一点点水产生的蒸汽就有那么大的力量，更多的水产生的蒸汽，力量不就更大吗？更强大的蒸汽不就可以用来举起大得多的重量吗？"

祖母没有回答。

"这孩子真有点怪，老是问些谁也答不上来的问题。"她想。

祖母忙她的事情去了，让瓦特独个儿在那里"研究"那个水壶。

瓦特天天都在琢磨他向祖母提出的那些问题。他长大以后，便开始对这些问题进行更深入的思索。

"蒸汽有惊人的力量。"他对自己说，"我们要是懂得如何把这种力量利用起来，它可能为我们做的事情将会是无穷无尽的，它不仅能举起重物，还能带动各种机器。假如我们进行试验的话，我相信一定能找到利用这种力量的某些途径。"

于是，他一次又一次地做试验，但结果却是一次又一次的失败。人们讥笑他，但他不灰心，继续进行试验，终于改进了蒸汽机。就这样，从研究普普通通的水壶这样简单的事物开始，一项最实用的现代发明终于成功了。

◦ 牛 顿 ◦

名人档案

　　艾萨克·牛顿，英国物理学家、数学家，经典物理学创始人。发现万有引力定律，确立力学运动三大定律。研究光的本性，提出光的微粒说，发现白光是由七色光构成的。创制反射望远镜，考察行星运动规律，解释潮汐现象。数学上建立微积分基本定理，创立二项式定理，等等。著有《自然哲学的数学原理》等。

名家名言

1.如果我比笛卡儿看得远些，那是因为我站在巨人们的肩上的缘故。

2.你若想获得知识，你该下苦功；你若想获得食物，你该下苦功；你若想得到快乐，你也该下苦功，因为辛苦是获得一切的定律。

◦ 名人故事

事事求实验证的牛顿

检验小车

　　牛顿从小就喜欢事事较真儿，认真求证。

　　有一次上制作课的时候，老师让学生回家自己试着做一辆小车，很多同学都是应付一下也就算了。可是牛顿却找来了舅舅的锯子，真刀真枪地干上了。半天工夫，一辆小四轮车就做成了。

　　小车做好后，他还要检验一下小车的功能是否正常。于是他拿着自己的小车来到了村边的小山坡上，这里可是他最爱玩儿的地方。他把心爱的小车放在山坡上，看它骨碌碌地往坡下跑，自己在后面追。小车跑得很快，当牛顿正为自己的小车跑得快、做得好而开心的时候，意外发生了，飞奔的小车被一粒石子儿给绊了一下，一下子滚落到路边的沟里去了，小车摔坏了。牛顿为了抓住小车，不小心摔了一跤，腿上被划了一道口子，腿疼的同时又心疼自己做的小车，牛顿坐在地上哭了起来，担心明天交不了作业了。

验证日晷

好奇心害死猫，牛顿总是干这样的"傻事"。

有一天中午，牛顿带着自家的小狗出去遛弯儿，他和小狗溜溜达达四处逛着，百无聊赖之中，牛顿忽然发现了"新大陆"，他看见小狗的影子在太阳底下变得非常小。这可和早上的时候不大一样，他记得早上小狗的影子明显要比现在大呀。这时他想起了前几天学习的日晷，一想到日晷，牛顿的"傻劲儿"就上来了，他兴致勃勃地来到他喜欢的小山坡，先找来了一根大树枝，然后挖坑、埋桩，他要亲手做一个日晷，看看书上写的是不是真的。

牛顿想要证明一下影子是不是真的和太阳有关系。这可是他现在的重要目标，结果大家当然都是知道的，可是有点儿笨的牛顿硬是蹲在太阳底下看这根树枝的影子，看了大半天他才弄明白。

这还不算，观察了半天后他觉得还不过瘾，竟然又把树枝拔了出来扛回了家里。在院子中又忙活了半天，把树枝埋下、立好，从现在开始他要天天观察它。外婆看到他忙忙碌碌地折腾，就问他在干啥，他有模有样地给外婆讲了一堆外婆听不懂的话，最后外婆无奈地看着他说："唉！你把这份心思用到学习上多好哇，这样老师就不会再找我啦！"

○ 贝 尔 ○

名人档案

亚历山大·贝尔，美国发明家和企业家。他获得了世界上第一台可用的电话机的专利权，创建了贝尔电话公司。被世界誉为"电话之父"。此外，他还制造了助听器，改造了留声机，对聋哑语的发明也做出了巨大贡献。

名家名言

创新有时需要离开常走的大道，潜入森林，你就肯定会发现前所未见的东西。

名人故事

不断进步的贝尔

1847年3月3日，贝尔出生于英国苏格兰的爱丁堡。他的父亲和祖父都是一生致力于聋哑事业的著名语言学家。贝尔的父亲还创造了一套借助手势、口型来表达思想感情的哑语，给聋哑人带来了很大的方便。

很快，贝尔就到了该上学的年龄，他被送到了城里去上学，可是在学校里，脑子灵活的小贝尔一点也不守纪律。他的功课也因为他的贪玩好动而不太好。为了让贝尔的学习成绩有所提高，爸爸只好把贝尔又送到了爷爷那里，让爷爷亲自教育他。

有一天，爷爷召集了许多小孩子包括贝尔到森林里去玩，来到大自然里的孩子们玩得非常高兴。

"孩子们，你们知道森林里有多少种动物吗？"

"有狼。"

"有兔子。"

"有狐狸。"

"这些动物的单词怎么拼写呢？"

"狼是 W—O—L—F！"

"兔子是 R—A—B—B—I—T！"

"狐狸是 F—O—X！"

爷爷又指着树让孩子们说出树的名字。孩子们都争着回答树的名字和拼写单词，唯独小贝尔，什么单词也拼写不出来。这给贝尔的刺激很大，回到家里，爷爷耐心地开导小贝尔："孩子，他们都跟你一样上学读书，别人都能拼写出单词来，你为什么拼写不出来呢？"贝尔低着头一言不发，他觉得自己在小伙伴们面前丢了脸。于是在爷爷的启发下，贝尔开始拿出课本来跟着爷爷一起读单词，除了课本上的单词外，贝尔还跟着爷爷学了一些新的单词。没过多久，贝尔便能把这些单词都背下来了。看着不断进步的贝尔，爷爷还表扬了他一番。

在爷爷的启发和教育下，贝尔开始勤奋地学习了。在爷爷那里生活了一年以后，贝尔回到爱丁堡继续上学。

贝尔虽然贪玩淘气，可他从小就喜欢拆装玩具，这为他日后形成良好的手工操作技能打下了基础。据说，有一次贝尔看到附近的水磨磨谷物时十分费劲儿，便决心要改造一下这个水磨，以使它省劲儿些。为此他翻阅家里的图书资料，经过一个月的反复推敲琢磨，他居然设计出了一幅改良水磨的草图，按他设计的方案把水磨改良后，那台水磨操作起来果然轻松多了。他也因此受到了周围人的称赞，当时竟然还有许多人专门从外地赶来学习呢！这件事给了贝尔很大的自信，也培养了他对科学的兴趣。从此，他开始自觉主动地学习科学知识，等到了高中时，贝尔已经是学校里的优等生了。

◉ 普希金 ◉

名人档案

亚历山大·谢尔盖耶维奇·普希金，1799年6月6日出生于莫斯科，1837年2月10日逝世于圣彼得堡，是俄国著名的文学家，现代俄国文学的创始人。他是19世纪俄国浪漫主义文学的主要代表，同时也是现实主义文学的奠基人，现代标准俄语的创始人，被誉为"俄国文学之父""俄国诗歌的太阳""青铜骑士"。

名家名言

1.读书是最好的学习，追随伟大人物的思想，是富有趣味的事情啊。
2.假如生活欺骗了你，不要心焦，也不要烦恼！忧郁的日子里要心平气和：相信吧，那快乐的日子就会到来。

● 名人故事

诗意生活的普希金

他出身高贵，但黄金白银堆积的童年却没有让他的心灵染上世俗的尘埃，他的父母流连在交际场上，是奶娘用朴素的民谣给他织成了小花被，温暖了他的童年，于是高贵华堂内的小普希金遥想着乡村的风景以及乡村中再朴实不过的农民。

他用自己充满梦想的眼睛，解读着流光溢彩的生活，于是创作诗歌成为他的本能，他用浪漫的语言开始向周围的一切倾诉自己的思想。

普希金慢慢长大了，他喜欢去伯父家，学识渊博的伯父那里有很多很多的书可以让他读。

普希金喜欢让伯父给他讲解书中的内容，伯父的声音像潺潺的小溪般动听，所有的故事都充满了梦幻，所有的诗歌都有着梦幻般的翅膀，它们带着普希金不断地飞翔。

普希金把自己的感悟也幻化成飞翔的精灵献给了伯父，献给了奶娘。在写诗的伯父的感染下，小普希金的文学修养得到了很大的提升，他创作的诗歌让周围的人赞不绝口。

12岁的他走进了当地的贵族子弟学校，俄国当时非常著名的诗人茹科夫斯基、杰尔查文恰好在这里执教，大诗人和小诗人会合在一起，这里注定是诗的国度，诗的海洋，所有需要他掌握的知识他都能够用诗的思维去理解，去消化，然后再转换。

他的文科成绩出类拔萃。大量的文学著作源源不断地成为他诗歌的源泉，连枯燥的考试他都能用诗歌来点缀。热情奔放的《皇村记忆》就是诞生在他升学考试的答卷上，这让诗人兼老师的茹科夫斯基大加赞赏。

战争爆发了，爱国的热情让普希金的诗歌创作又进入了一个高潮，当然普希金这个时期的诗歌还明显存在模仿老师的痕迹，但是那滚烫的语言以及蓬勃的激情却感染了无数的人。

18岁的普希金意气风发地走进了圣彼得堡外交部，开始了他人生的第一份工作，但是外交事务没能阻挡住他创作诗歌的步伐。他的周围围绕着的是更多的进步诗人，他们一起探讨诗歌的艺术，创作的体会。他的《致恰达耶夫》《自由颂》《乡村》这些优秀作品的发表引起了很大的社会反响，但作品里流露出来的进步思想却让沙皇政府感到了不安。

最终，普希金犀利的进步诗篇激怒了沙皇政府，他被流放到了南疆。这一年普希金21岁，21岁的生命是无畏的，流放的艰辛成了诗人最好的磨砺石。他真正地走进了农民的生活，同时他更加深刻地体会到了沙皇统治的黑暗，他的诗歌变成了一把把匕首直插进当权者的脓包深处，叙事诗《强盗兄弟》《高加索的俘虏》《努林伯爵》，历史悲剧《鲍里斯·戈都诺夫》《叶甫盖尼·奥涅金》一系列富含战斗精神的作品被世人传唱。

他把生命写成了经典，他的诗歌包罗万象，激情澎湃，人们喜欢他诗样的人生，把他奉为民族的英雄。人们模仿着他的语言，修正着自己的灵魂，"俄罗斯艺术之父"的宝座非他莫属。

● 拿破仑 ●

名人档案

拿破仑·波拿巴，法兰西第一共和国执政官，法兰西第一帝国皇帝，出生在法国科西嘉岛，是一位卓越的军事天才。他多次击败保王党的反扑和反法同盟的入侵，捍卫了法国大革命的成果。他颁布的《民法典》，更是成为后世资本主义国家的立法蓝本。他执政期间多次对外扩张，形成了庞大的帝国体系，创造了一系列军事奇迹。1812年兵败俄国，元气大伤；1814年被反法联军赶下台。1815年复辟，随后在滑铁卢之战中失败，被流放到圣赫勒拿岛。1821年病逝。

名家名言

1.在我的字典中，没有"不可能"这样的字眼。
2.即使我身后什么也没留下，即使我所有的业绩全部毁灭，我的勤奋与荣誉，在我死后仍将足以鼓舞千秋万代的青年。

 名人故事

巧计破敌的拿破仑

1793年，平静的法国土伦城变成了战场，法国叛军在英国军队的援助下，将土伦城护卫得像铁桶般坚固，前来平息这次叛乱的法国军队也无可奈何。年仅24岁的拿破仑夹杂在其中，瞪大眼睛静静地观察着战场上的一切。

拿破仑看完地形，心中暗暗吃惊：怪不得土伦城久攻不下，这儿的地形太特殊了——土伦城四面环水，且三面是开阔的深水区。英国军舰在水面上耀武扬威地游弋着，只要前来攻城的法军一有风吹草动，这些军舰上的火炮立刻织成火网，将所有欲进攻的法军统统打落水中，使其葬身河底。

带兵前来增援的法军指挥官一筹莫展：法军的舰炮威力远远不及英军，调来了也白搭。身为炮兵上尉的拿破仑仔细观察，分析完土伦城的地形和战场情况后，飞速抽出一支鹅毛笔，在一张测绘地图背面"唰唰"地写下了一行文字——将军阁下：请急调100艘巨型木船，装上陆战用的火炮代替舰炮，拦腰

轰击英国军舰，以劣胜优！

　　法军指挥官看完这段文字，高兴地打个口哨儿："真棒！"

　　巨型木船调来了，那静静蹲在船头的陆战大炮着实吓了英国人一大跳，他们真的吃不准这是啥新式武器！

　　一场恶战掀波翻涛。"轰轰轰！"陆战火炮的怒吼声震耳欲聋，淹没了英军舰炮的轰击声。这火炮的威力太大了，直轰得英舰摇摇晃晃，英军军心大乱。

　　仅仅经过两天的激战，原先黑压压一片游弋在土伦城外水域的英国军舰就被打得七零八落，不得不狼狈逃走。叛乱者见状，也知趣地打出白旗，缴械投降。

　　叛乱平定后，法军上下一片欢腾，议论着想出这条妙计的年轻人。于是，24岁的拿破仑从炮兵上尉一下子被破格提拔为炮兵准将。

● 华盛顿 ●

华盛顿，美国首位总统。1775年在第二届大陆会议上被任命为"大陆军"总司令，领导美国独立战争直至胜利。1789年当选为美国第一任总统。1797年两届总统任期满后，隐退返回家乡。由于他对美国独立做出了重大贡献，因此被称为"美国国父"。

名家名言

1.衡量朋友的真正的标准是行为而不是言语。

2.自己不能胜任的事情，切莫轻易答应别人，一旦答应了别人，就必须实践自己的诺言。

3.真正的友谊，是一株成长缓慢的植物。

 名人故事

智抓小偷的华盛顿

华盛顿是美国第一任总统，也一直是美国人民的骄傲。华盛顿从小就天资过人，少年时在家乡威斯特摩兰的一些故事被人们广泛地传颂着。一次是村里的毛驴被偷，还有一次是邻居家被盗事件。华盛顿用自己的智慧巧妙地揭穿了小偷的伪装。

有一次，村子里有户人家的小毛驴被偷了，失主哭着找到华盛顿，让他帮忙想想办法。热心的华盛顿陪着失主找了好些地方都没找到，最后他们终于在集市上发现了那头丢失的毛驴，但小偷怎么也不承认，还一口咬定说那毛驴就是他的。这时，华盛顿急中生智，把毛驴的眼睛蒙住，问小偷毛驴哪只眼睛有毛病，小偷说是左边，结果打开一看是好的。他急忙说记错了，是右边，结果打开一看，右眼也是好的。小偷自露马脚，只好把毛驴归还给失主。

还有一次，华盛顿的邻居家被盗了，损失了许多衣服和粮食。村长召集全村村民开会，大家讨论了很久也没有想出好办法来，村民们却有些不耐烦了。村长正要宣布散会，华盛顿把村长拉到一旁悄悄地说："从偷窃的东西和时间来

看，小偷一定还在本村。"

村长问："你有什么办法查出谁是小偷？"

华盛顿在村长耳边说出了他的想法。

晚上，村长将村民们召集到麦场上，说是要听华盛顿给大家讲故事。那晚，皎洁的月亮挂在天空，夜色静谧安详。等村民到齐了，华盛顿开始讲道："黄蜂是上帝的特使，它的眼睛又大又亮，能够辨别人间的真伪、善恶，能看清人的内心，它经常在我们的身边，此刻，或许它就乘着朦胧的月光飞向人间，飞到我们这儿……"华盛顿忽然停了一下，猛然大声喊道："哎，小偷就是他，就是他！他偷了普斯特大叔的东西，看，黄蜂正在他帽子上转圈，马上就要落下来了！"

人们听到这些话，开始纷扰起来，一个个扭头互相观望着。那个做贼心虚的小偷，慌忙伸出手来想把帽子上的黄蜂赶走。华盛顿眼尖，立即大喝一声："是他，小偷是他。"小偷想抵赖也赖不掉了，只得认罪。其实小偷上当了，哪里有什么黄蜂，这只不过是华盛顿编造的故事。

这两件事一传十、十传百，很快，华盛顿就成了当地的小名人。

后来华盛顿学成毕业后，被任命为韦吉尼亚军团上校指挥官。独立战争开始时，他被任命为总司令，在这期间，他领导美国人民经历了艰难险阻，进行了英勇顽强的斗争，赢得了独立战争的胜利，成立了美利坚合众国。他为美利坚合众国立下了不可磨灭的功勋。

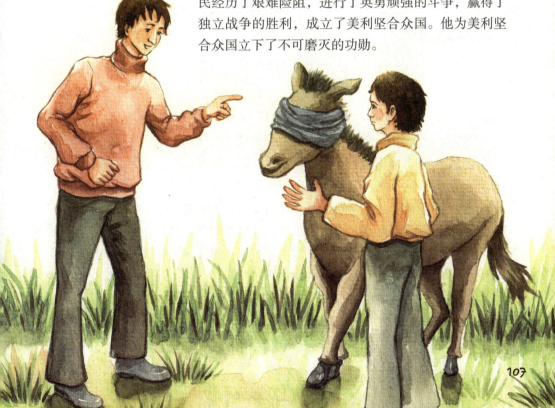

○ 雨 果 ○

名人档案

维克多·雨果，法国作家。年轻时同情保皇党，后受进步思想影响成为资产阶级自由主义者。路易·波拿巴政变后，他被迫离开法国，1870年回国。写有长篇小说《巴黎圣母院》《悲惨世界》《笑面人》《九三年》以及剧本《欧那尼》等。

名家名言

1.世界上最宽阔的是海洋，比海洋更宽阔的是天空，比天空更宽阔的是人的胸怀。

2.生活好比旅行，理想是旅行的路线。失去了路线，只好停止前进了。生活既然没有目的，精力也就枯竭了。

名人故事

超前行进的雨果

超前的阅读

1802 年，雨果出生在法国的贝桑松市，他的父亲是拿破仑手下一名叱咤风云的战将。因为父亲时常处于东征西战的状态，10 岁之前，雨果大多数时间跟母亲和两个哥哥生活在西班牙，他的母亲很博学，所以总是鼓励孩子多读书。

雨果家附近有一个不大的图书馆，母亲经常带着 3 个孩子来图书馆打发时间，雨果在这里看了很多的游记、小说、戏剧和诗歌，有时一些明明是成人看了都觉得有些深奥的哲学书，雨果拿在手里也读得津津有味。因为雨果一家来的次数太多了，图书管理员和他们也越来越熟悉。一天，管理员忍不住向雨果的母亲建议道："小雨果喜欢读书是好事，可是他读的书也太杂了，这样对他的成长不是太好，孩子还是应该看些单纯的儿童读物。"

谁知雨果的母亲说："这个问题我也曾考虑过，原先我的观点和你的一样，但现在我却不这样认为了。孩子们的父亲四处打仗，这些年来，我们一家也跟着东飘西荡。孩子们的感触多了，选择的书也就比较复杂了。这其实很正常，说明他们接触社会早了些。既然他们迟早是要走向社会的，还是越早了解越好。"

超前的写作

1817 年的一天，雨果的大哥一进家门就喊道："傻瓜！笨蛋！过来！"雨果被哥哥骂得有些莫名其妙，可还是来到了哥哥的面前。

哥哥阿贝尔生气地敲了一下弟弟的脑袋，说道："你说你怎么那么傻，你把你的年龄写进诗歌里干什么？你看，本来学士院的老师都认为你这首诗歌不错，可谁知你把你的年龄写了进去，所以人家开始怀疑这首诗了，你说你笨不笨，人家问你的年龄了吗？现在可好，只得了个鼓励奖，那个老师说原本想给你大奖的，你知道吗？"

原来法兰西学士院刚刚举行了一次文学大赛，雨果也参赛了，他写了一首 327 行的长诗，名字叫《学习之益》。这首诗热情洋溢，文采斐然，立刻就引起了学士院的院士们的关注。

大家对此诗是赞不绝口，正准备给这首诗评个几等奖的时候，一位年迈的老院士突然发话了："大家看这两句'远离都市和宫廷的喧嚣，三倍五年的时光流过'，这位诗人年仅 15 岁！如此小的年龄怎么会写出这么好的诗篇，不会是抄袭的吧？"

"啊，如果确实是 15 岁，那太不可思议了，这样成熟的思想、深刻的见解，怎么会出自一个孩子之口呢？一旦是抄袭来的，我们发给他如此重要的奖项，会不会被人笑话？看来我们还是稳妥一些吧。"一位院士经过深思熟虑后说。

"好吧，那我们就先给这首诗一个鼓励奖，毕竟我们大家谁都没有见过与此类似的诗歌，如果断然说抄袭，对作者也不公平，大家看怎么样？"

于是，学士院的院士们在认真商榷之后就在雨果的诗歌后写下了这样的评语："如果此诗歌的作者年龄果真如此之小，我们当给予鼓励。"

雨果的哥哥从朋友那里得到这样的消息后，既为弟弟感到不公平，又很气恼，弟弟干吗在自己的诗歌里注明年龄呢，真让人哭笑不得。

正是因为雨果事事都走在了他的同龄人前面，所以最后才走在了时代的最前沿，看事情看问题比别人更透、更深、更全。他用他超人的智慧和毅力创造了一个奇迹，他活到了 83 岁的高龄，勤奋写作了近 60 年，在他去世的时候，灵柩被安放在凯旋门下，万民景仰，举国哀痛。

◎ 巴尔扎克 ◎

名人档案

　　奥诺雷·德·巴尔扎克，法国作家。攻读法律，曾在公证人事务所见习。计划创作一整套社会长篇小说，定名为《人间喜剧》，拟写作137部，实际完成90余部。主要作品有《欧也妮·葛朗台》《高老头》《幻灭》《贝姨》等。

名家名言

1.时间是人的财富，全部财富，正如时间是国家的财富一样，因为任何财富都是时间与行动化合之后的成果。

2.一个能思想的人，才真是一个力量无边的人。

3.天才的作品是用眼泪灌溉的。

4.真正的学者真正了不起的地方，是暗暗做了许多伟大的工作而生前并不因此出名。

◎ 名人故事

执着的巴尔扎克

　　1819 年 1 月，巴尔扎克从法学院毕业了。他顺理成章地要被父亲安排进法院工作，然而与法律打交道实在不是巴尔扎克的愿望，父子两个人的交锋到了白热化阶段。最后他们达成了一个协议：以两年的时间为期限，如果巴尔扎克能够在两年内完成一部有影响力的作品，那么父亲便不再反对他选择他想要的生活；如果不能，那就必须听从父亲的安排，老老实实、安安心心地去法院上班，开始他的政治人生。

　　满怀理想的巴尔扎克从富丽堂皇的家中搬了出来，他住进了一所最便宜的廉租房，在简陋的小屋里开始了他的写作人生。初生牛犊不怕虎的巴尔扎克很快就完成了一部悲剧《克伦威尔》，这是一部反映 17 世纪英国资产阶级领袖克伦威尔是怎样推翻封建王朝，建立资产阶级共和国的故事，可以说这部小说饱含了作者对理想生活的渴望，充满了个人理念。然而他毕竟是初出茅庐，对于出版行业还很不熟悉，不仅缺乏这方面的朋友和老师的帮助，而且作品本身也有着太多的不足。比方说由于历史资料的准备不足，在刻画时代背景方面就显得有些单薄；由于对戏剧创作缺乏经验，情节的安排上就少了一些波澜。

总之，这部小说没有收到巴尔扎克预想的轰动效果。巴黎那些著名作家看到巴尔扎克递上门来的作品时，只草草翻阅两页就觉得这样一个无名小卒太不知天高地厚了，简直是什么都不懂就大放厥词，写这样的历史小说，简直就是在胡闹。

两年期限已到，父亲已经为巴尔扎克安排妥了律师的工作，巴尔扎克却觉得自己刚刚了解到一点写作门道，不想放弃。但父亲的忍耐已经到了极限，他不想再供养一个一无是处的人吃白饭了，他警告巴尔扎克要么去正经上班，要么永远甭想再用他一分钱。

巴尔扎克选择了后者，开始了自己艰难打拼的日子。为了向父亲证明自己在文学这条路上会走得很好，他决定一边写作，一边和朋友做生意搞出版。谁知缺乏经商经验的他，太过于急功近利了，结果是亏了本，债台高筑。

面对各种压力，巴尔扎克没有退缩。为了生活，他自己找了一份时间比较自由的工作。完成工作后，他就将全部时间都花在了写作上，他相信凭着自己的笔自己肯定能活下去。

在人生绝望的当口，支持他写作的朋友写信安慰他，他们欣赏他的写作才华，鼓励他只要坚持写作，他的作品终会被世人认可的。其实经过这段时间的折腾，巴尔扎克的作品已经被一些大的出版社注意到了，约稿人也开始敲他的门了。只是一边是债主逼上门来要钱，一边是约稿人拼命地催稿，巴尔扎克成了钱的奴仆也成了钱的主人。他开始不分昼夜地赶稿去还债。

1831年，《驴皮记》的出版使他获得了空前的成功，然而收入远不能抵消他的债务。此后近20年的时间里他创作了大量作品，他一生创作甚丰，写出了91部小说，合称《人间喜剧》，其中塑造了多个性格独特、非常具有时代特征的人物，他犀利的语言直剖复杂、贪婪、自私的人性，其作品的思想高度让同行惊叹，世人称他的作品为"法国社会的一面镜子"。

然而，长年的还债和赶稿的生活已经拖垮了作家的身体，1850年他终于不堪重负与世长辞。

与巴尔扎克有着莫逆之交的大文学家雨果站在蒙蒙细雨中，给巴尔扎克做了这样的人生总结："在最伟大的人物中间，巴尔扎克是名列前茅者；在最优秀的人物中间，巴尔扎克是佼佼者之一。"这是雨果对自己的故友最真挚的赞美，也是对这位一生奋斗在文学领域的战士最崇高的敬意。

● 达尔文 ●

名人档案

查尔斯·罗伯特·达尔文,英国生物学家,进化论的奠基人。曾乘"贝格尔"号舰进行了历时5年的环球航行,对动植物和地质结构等进行了大量的观察和标本采集。在《物种起源》中提出了生物进化论学说,从而摧毁了各种唯心的神造论和物种不变论。除了生物学外,他的理论对人类学、心理学、哲学的发展都有不容忽视的影响。恩格斯将"进化论"列为19世纪自然科学的三大发现之一。

名家名言

就我记得的我在学校时期的性格来说,其中对我后来发生影响的就是:我有强烈的多样的趣味,沉溺于自己感兴趣的东西,深喜了解任何复杂的问题和事物。

 **名人故事**

让报春花变红的达尔文

一个阳光明媚的春天,达尔文又不知跑到花园里哪个角落去了。父亲在到处找他,唉!那小宝贝从来不肯规规矩矩地在家里待上一会儿,这下又不知道到哪里乱折腾去了。

哈!他爬上了一棵树,正在抓昆虫呢。

"爸爸,快来看,这虫子多么稀奇古怪呀!"小达尔文在树上大声叫喊。

他发现两只罕见的昆虫,连忙用两只手各抓了一只。这时,又飞来一只更加稀奇的虫子,他赶紧把右手中的虫子放进嘴里,腾出手来抓那只飞虫。尽管虫子在嘴里乱蹦乱跳,甚至分泌出又辣又苦的液体,但是他仍旧紧抿着嘴唇。

"快下来,别摔着了!"父亲担心地呼唤他。

小达尔文"研究"了一会儿那稀奇古怪的昆虫后,又跑到花园里"研究"起花花草草来了。他说要把大自然当作课堂,将来要当个大科学家呢,当科学家当然要对昆虫呀、花草树木呀好好"研究研究"。

这时是春天，花园里有很多的花草已经舒枝展叶了。小达尔文把"研究"的目光，射向一簇簇黄色和白色的报春花，它们此时已经开放了。他听父亲说，报春花只有黄色和白色两种。他想："要是有很多种颜色的报春花，那该多好呀！"

他躺在花园里，晒着暖和的太阳，眼前忽然有了幻觉：花园里的报春花一会儿是白色的，一会儿是黄色的，一会儿是蓝色的，一会儿是红色的，一会儿是紫色的，一会儿竟然是黑色的。

他忽然跳了起来，跑到正在精心整理花草的父亲跟前说："爸爸，我想让花是什么颜色就是什么颜色！"

父亲刮了一下他的鼻子："幻想家，你这幻想当然很不错，可是大自然有它的规律，花怎么能随便改变颜色呢？"

小达尔文认真地说："我已经想好了一个非常非常好的办法，我非要变出一朵红色的报春花来不可！真的！"

父亲随口说："好好，你去变吧，变出来的话，那将是我们英国第一朵红色的报春花，真是太美啦！"

第二天，父亲在花园里整理花草的时候，小达尔文过来了，手里果真捧着一束红色的报春花。

"咦，你怎么真能变出红色的报春花呢？"

小达尔文笑嘻嘻地说："其实这还是您教我的呢——您说过：'花每时每刻都在用根吸水，把水输送到身体的各个部分去。'我就想，让它喝些红色的水，水被输送到白色的花朵上，那么花就会透出红颜色来。昨天我就折了一束白色的报春花，把它插到红墨水瓶里。今天它就真的变得红艳艳了！"

父亲惊讶地看了一眼喜欢"研究"的儿子，兴奋地举起那束报春花叫道："今天，我们花园里又多了一种新的报春花，我们英国又多了一种红色的报春花！"

后来呀，英国多了一个伟大的科学家，他的全名叫查尔斯·罗伯特·达尔文。

◎ 贝多芬 ◎

名人档案

　　路德维希·贝多芬，18世纪末19世纪初的德国作曲家。他集古典派之大成，又开浪漫派的先河，对近代西洋音乐的发展有着深远的影响，主要作品有交响曲九首，钢琴奏鸣曲三十多首，还有钢琴协奏曲和小提琴协奏曲，等等。

名家名言

1.我未曾想过写谱是为了名誉与荣耀，我一定要把内心深处的东西释放出来，这就是我作曲的原因。

2.竭力为善，爱自由甚于一切，即使为了王座，也永勿欺妄真理。

◎ 名人故事

扼住命运咽喉的贝多芬

　　26岁时，贝多芬开始感觉到自己的耳朵边一直有"嗡嗡"的声音，他摇头，他换住处，他把朋友从身边赶开，可是这种声音还是存在。此时的他发生了很大的变化，曾经生性热情、爱参加聚会的他开始远离人群。

　　"亲爱的朋友，你到底怎么啦？你遇到什么麻烦了吗？"面对朋友真诚的询问，贝多芬内心一阵悲凉，他不愿解释，他是一位音乐家，刚被维也纳的天才音乐家——莫扎特当众称赞为"即将扬名世界的音乐家"，怎么可能听觉出现问题呢？他不知道怎么向周遭的朋友解释。他什么都听不清楚，看着他们笑得那么开心，他却不知道他们为何在笑。

　　他变得多疑，肯定是有人发现了他的秘密，肯定是他弹奏的东西已经变得不堪入耳，肯定是这样，要不然他们怎么会笑得那么放肆呢？贝多芬拼命地忍住自己的脾气，他不想当众发脾气，可是他忍不住，他一把推开了关心他的朋友，拔腿冲了出去，他一口气跑到了乡下，他不愿再见任何人，他要任何人都找不到他。

他独自承受着心灵的折磨，他痛苦、忧伤还有愤怒，他恨上天为何如此不公平，他还如此年轻，事业刚刚向他抛来了美丽的橄榄枝，他还没有来得及享受到成功的滋味就要放弃自己从小就赖以为生的音乐吗？除了音乐他还有什么呢？

无人的旷野中，贝多芬拼命地倾听着大自然的声音，可是他什么也听不到，婉转的鸟鸣声消失了，爱叫的青蛙无声了，他拼命地撕扯着自己的头发，为什么，为什么上天会跟自己开这样的玩笑？于是他想到了死亡。

然而哭泣过后平静下来的他回到了乡村的住处，在他打算放弃生命的那一刻，他突然发现自己还是那么地留恋着大自然，留恋着生命，他多想回到童年，回到生命之初，他想把自己的一切做个交代。

放弃音乐几个月的贝多芬第一次拿起了笔，有了创作的冲动，他用音符表达着自己的心愿："我是多么地热爱着生命，亲爱的朋友，当我残忍地把你们赶离我的身边的时候，你们可知道我是多么痛苦。也许此刻你们已经在诅咒我，说我是个心胸狭窄的狂妄之徒，可是你们哪里知道我是多么谦卑。"

"此刻周围一片萧瑟，啊，已经是深秋了，我的生命好像也已经进入了深秋。我火一样的热情还不曾燃烧就即将熄灭，我是多么不甘心。我也曾想扼住命运的咽喉，可是我是多么孤单，亲人一个个离我而去，现在就连我自己的身体都要背叛我，我是多么不幸，每一次渴望着走进人群，却发现自己什么也听不到。"

"医生一再宽慰我，说我的听力可以恢复，可是他错了，我除了依赖笔和纸来与人沟通，我还能做什么呢？我还能做什么呢？"贝多芬拼命地想着，想着，他的指尖不由得从稿纸上移动到了琴键上。是的，他重新摸到了琴键，看到了琴键的颤动，他突然像发现了新大陆一般，他弹奏着，细心地观察着琴键的一起一落，他的指尖仿佛突然有了魔力一般，他感触到了心灵的颤动，那是生命力的声音，他飞快地重新拿起笔，把刚才心灵的颤动记录在了纸上。

贝多芬终于走出了耳聋的阴影，他拿起笔写下了真诚的邀请："亲爱的朋友们，我现在住在美丽的乡下，随时欢迎你们的到来，请原谅我前段时间的无礼，那是生命跟我开了一个玩笑，但是我现在已经明白了，那时的我不过是我生命中偶然出现的小丑。现在，你们的贝多芬回来了，带着他的音乐，带着他的梦想回来了。"

贝多芬经过痛苦的思索后，勇敢地站了起来，他依靠自己多年来训练出来的乐感，利用心灵去感触声音，终于创作出了不朽之作《英雄交响曲》。这首乐曲一问世就震惊了维也纳。那里有灵魂的蜕变，有生命的磨砺，人们被感动了。没多久，贝多芬就又创作出了《命运交响曲》，他已经成功地扼住了命运的咽喉。

◎ 林 肯 ◎

名人档案

亚伯拉罕·林肯，政治家，美国第16任总统，也是首位共和党籍总统。在其总统任期内，美国爆发了内战，史称"南北战争"。林肯击败了南方分离势力，废除了奴隶制度，维护了国家的统一。但就在内战结束后不久，林肯不幸遇刺身亡。他是第一位遭到刺杀的美国总统，更是一位出身贫寒的伟大总统。2006年，亚伯拉罕·林肯被美国的权威期刊《大西洋月刊》评为影响美国的100位人物第一名。

名家名言

1.品格如同树木，名声如同树荫。我们常常考虑的是树荫，却不知树木才是根本。

2.喷泉的高度不会超过它的源头；一个人的事业也是这样，他的成就绝不会超过自己的信念。

◎ 名人故事

严于律己的林肯

1809 年，林肯出生在美国一个十分贫寒的家庭，这样的出身让林肯从小就体会到了生活的艰辛。因为家庭经济条件不好，林肯只上了一年的学。为了谋生，林肯开始到镇上有名的鲍里茨医生家做帮工。

有一天，就在他帮鲍里茨医生打扫房间的时候，他意外地发现桌上放着一本《华盛顿传》。林肯很想看，于是他就鼓起勇气来向鲍里茨医生借。但是这本书可是鲍里茨医生刚刚买回来的新书，他实在有些舍不得将新书借出去，更何况借书的人还是个孩子，万一弄脏弄破了，对于爱书的人来说是很痛心的，可是他又不忍心直接回绝眼前这个借书的小男孩。

于是鲍里茨医生问道："小林肯，这本书你看得懂吗？"

"先生，我看得懂。"林肯立刻自信满满地回答道。

"先生，这本书借给我看看好吗？我会好好保管书的，这一点请您放心。"林肯见医生还有些犹豫，便赶紧立下保证。

看到小林肯这么喜欢读书，鲍里茨医生终于答应将书借给林肯看几天，但是他一再要求林肯要好好爱惜，绝不能把书弄脏了。

晚上回到家后，林肯饭也顾不上吃就喜滋滋地看起了书。夜已经很深了，可他还是没有睡觉的意思，直到母亲催促了好多次后，他才恋恋不舍地上床休息，就在睡下之前他还郑重地将书端端正正地摆放在桌上然后才安心去睡。可是事情就是这么凑巧，后半夜突然下起了雨，林肯家那四面透风的房子开始到处漏雨。滴滴答答的雨滴声把林肯给惊醒了，他一翻身就跳下了床，可是当他把灯点亮时，发现桌上鲍里茨医生的书已经被雨淋得面目全非了，原来桌子的正上方正在滴滴答答地漏雨。林肯慌忙把书拿到火炉边小心翼翼地烘烤。经过几个小时的折腾，书总算是烘干了，可是书页却已经变得皱巴巴不成样子了。这让林肯心里像有只小鹿在磨鹿角般，他再也睡不着了，他不知道第二天该如何去面对鲍里茨医生。

第二天，天刚蒙蒙亮，林肯便拿着书出发了，他早早地来到了鲍里茨医生家。当医生看到自己昨天还崭新的书在一夜之间就变成了这副模样，他是多么生气就可想而知了。只见他气愤地说："林肯，你怎么能这么不讲信用！"

"先生，请让我继续为您干活吧，请让我用我的工钱来赔偿这本书，您看行吗？"就这样，林肯每天准时来到鲍里茨医生家干活，他非常勤快，很多事情不用医生吩咐，他就会主动做好。鲍里茨医生渐渐喜欢上了林肯，他见林肯虽然年龄不大，却敢于承担责任，很受感动。过了一段时间，医生把林肯叫到了自己的跟前，诚恳地说："你是个不错的孩子，工钱我照样付给你，书我也送给你吧。"林肯收下了书，却执意没有要那些工钱。

林肯的勤奋好学、诚实守信让大家都很喜欢他，小镇上的人们也都愿意把自己收藏的书借给林肯看，所以林肯虽然没有再上学，但依然读了大量的书籍，这让他的视野变得比一般人更加开阔，想问题也更加深入。最终林肯成为一位杰出的政治家，并成为美国历史上非常受尊敬的一位总统。

● 马克思 ●

名人档案

　　马克思，马克思主义的创始人，第一国际的组织者和领导者，全世界无产阶级的伟大导师和领袖。生于普鲁士莱茵省特里尔城的一个律师家庭。主要著作有《神圣家族》《德意志意识形态》《共产党宣言》《1848年至1850年的法兰西阶级斗争》《路易·波拿巴的雾月十八日》《政治经济学批判》《资本论》《法兰西内战》《哥达纲领批判》。

名家名言

1.在科学上没有平坦的大道，只有不畏艰险沿着陡峭山路攀登的人，才有希望到达光辉的顶点。

2.任何时候，我也不会满足，越是多读书，就越是深刻地感到不满足，越感到自己知识贫乏。科学是奥妙无穷的。

● 名人故事

不迷信权威的马克思

爱书不迷信书

　　1818年5月5日，马克思出生于普鲁士莱茵省特里尔城。马克思的祖父是法律学家，父亲是律师，家庭成员的严谨思维对马克思的成长产生了一定的作用。

　　马克思10岁的时候，喜欢上了昆虫学方面的书籍。有一天，他正看着一本描述昆虫的书，却发现书里有些知识和他知道的不一样。他自个儿琢磨了半天，还是觉得书里的内容有问题，于是他拿着书去问父亲："爸爸，金龟子和七星瓢虫不是一种虫子吧，怎么这本书上会说它们是一样的呢？"正在忙碌的父亲看了一眼马克思手中的书，答道："这本书的作者是个生物学家，应该没错。"父亲说完就不再理会马克思，而是继续忙自己的事情了。

　　马克思见父亲那么忙，也就不再打扰父亲，但是他无法认同父亲的说法。仔细推敲了半天后，他决定到郊外重新观察一下，再做结论。当他在外面仔细观察后，带着他的观察对象——几只虫子回家时，他已经坚定了自己的看法。他认为书里面肯定是写错了。父亲看到儿子这么认真地对待知识，欣慰地笑了。他鼓励马克思把自己的发现写信告诉出版社。

没想到短短几天，出版社就回信了，他们非常感谢马克思能够将这个错误及时告诉他们，并且还给他寄了份奖品，鼓励他继续努力。

正义的喉舌

大学毕业后，马克思担任了《莱茵报》的主编。他冷静地观察着社会，承担起了文字工作者应有的社会责任。

"马克思，你知道吗，议会竟然宣布居民们的伐木行为为盗窃，简直是荒谬。"

听到这样的消息，马克思同样很愤怒，但是他异常冷静地没有说话，而是把手里的笔紧紧握着，仿佛要把笔从中间折断一般。他强压下心中的火，低下头开始在纸上急速写了起来。同事们依然在纷纷议论，马克思在不到一刻钟的时间就写满了数张纸，他拿起稿件递给了身边的同事。只见同事看后高呼道："马克思，就应该这么做，我马上就去发稿。"

原来，在德国西部有成片的森林和大量的草地。人们居住在这里，放牧，砍柴，一代又一代，从没有说哪一片森林是谁家的，哪一块草地是某人的，这里的人们共同拥有着、依赖着这些资源而生存。可是，最近几年，有一些贵族和地主兴起了圈地运动，纷纷霸占森林和草地，竖立起木牌，这片森林或草地就变成他们个人的了，别人根本就不能进入，一旦走近恶犬就会疯狂地咬人，恶奴也会不分青红皂白地一顿暴打，弄得人们无以为生。失去了生活资源的居民们无法抑制自己的愤怒，只得诉诸法律。可是谁知德国议会根本就不管老百姓的死活，他们一味地维护那些贵族们的利益，而且还从法律上承认那些贵族的不义之举是正当的，而那些被迫失去生计的人竟然成了乱民，成了无事生非的无赖之徒！这不是黑白颠倒吗？如此的做法当然让《莱茵报》的编辑们愤怒不已。身为主编的马克思亲笔撰写了一系列的文章来声讨普鲁士政府的做法。在马克思的带领下，《莱茵报》成了维护民众利益的喉舌，它大声地呼唤着正义，呼唤着公平。

"马克思，你们的报纸被查封了，即刻起停止印刷。"

"你，你，把手里的东西全放下，不然全都进警察局去。"穿着制服、手拿武器的警察冲进了报社，强行驱散了工作人员，报社被查封了。马克思愤怒至极，他隐忍着，但绝不放弃手中的笔，无论受到怎样的迫害，他也绝不放弃为那些失去家园的人讨回公道，他相信众志成城，胜利会有一天来临，他期待，他奋争。

此后，奋斗一生的马克思最终获得了全世界人民的敬仰。

◦ 巴 赫 ◦

　　约翰·塞巴斯蒂安·巴赫，德国作曲家。曾任教堂管风琴师、宫廷乐长。后长期在莱比锡圣托马斯教堂及其附属歌唱学校任乐长和教师。其创作在德国民族音乐的基础上，汲取16世纪以来欧洲音乐的成就。作品多以复调写成，结构严谨。代表作有《b小调弥撒曲》《马太受难曲》《平均律钢琴曲集》《法国组曲》《勃兰登堡协奏曲》等。

名人故事

不愿放弃的音乐之父巴赫

　　巴赫于1685年3月21日出生在今德国中部杜林根森林地带的爱森纳赫。虽然这是一个小城镇，可市民们都非常喜爱音乐。巴赫家族是地地道道的音乐世家，他的家庭早在他出生前许多年就已经在音乐界赫赫有名了。他的父亲是一位优秀的小提琴手，祖父的兄弟中有两位是具有天赋的作曲家，叔伯兄弟姐妹中有几位是颇受尊敬的音乐家。

　　对于具有极高音乐天赋的小巴赫来说，在这样的家庭成长本来是十分幸运的事，然而命运之神却偏要找些麻烦：他9岁丧母，10岁丧父，巴赫不得不跟着大哥过日子。但是大哥并不支持他的音乐梦想。尽管家里存放着大量音乐资料，可专横的兄长就是不允许他翻阅学习，无论他怎样苦苦恳求也无济于事。巴赫没有办法，但是他还是酷爱音乐，所以常常一个人躲在低矮狭小的阁楼里，借着昏暗的灯光抄写著名音乐家的乐谱。

　　然而，严厉执拗的大哥并不理解弟弟美好的愿望，动不动就训斥巴赫"鬼迷心窍"。为了防止巴赫晚上抄乐谱，他还收走了阁楼里的油灯和蜡烛。

　　这是多么难以忍受的惩罚啊！巴赫陷入了深深的苦闷中。一天晚上，他百无聊赖地坐在阁楼的窗前，哼着一支忧伤的乐曲。忽然，他好像发现了新大陆似的，惊喜地喊了起来："这皎洁的月光，难道不比灯光强得多吗！"

　　于是，他急忙从枕头下摸出乐谱集，借着月光，聚精会神地抄写起来。

　　正当巴赫沉浸在这优美的旋律中的时候，大哥上楼来了。他发现弟弟不听自己劝告，又在偷偷抄乐谱，怒不可遏的大哥不由分说地给了巴赫一记耳光，接着，又把巴赫辛辛苦苦抄写的乐谱撕了个粉碎。

　　大哥气呼呼地警告了巴赫一顿，下楼去了。但是，他这番不通情理的粗暴干涉并没有动摇巴赫学习音乐的决心和毅力。巴赫含着委屈的眼泪，又继续借着月光抄起乐谱来。

　　巴赫15岁时，终于只身离家，走上了独立生活的道路。他靠美妙的歌喉与出色的古钢琴、小提琴、管风琴的演奏技艺，被吕奈堡圣·米歇尔教堂附设的唱诗班录取，同时进入神学校学习。这里的图书馆藏有丰富的古典音乐作品，巴赫一头钻进去，像块巨大的海绵，全力汲取、融合着欧洲各种流派的艺术成就，开阔了自己的音乐视野。为了练琴，他常常彻夜不眠。每逢假日，他都要步行数十里去汉堡聆听名家的演奏。

　　正是因为这样热爱音乐，巴赫后来才成为了音乐大师。

◎ 托尔斯泰 ◎

名人档案

尼古拉耶维奇·托尔斯泰，俄国作家。曾在高加索从军。1856年试图解放自己领地的农民，但没有得到农民的信任。次年游历西欧。主要作品有长篇小说《战争与和平》《安娜·卡列尼娜》《复活》及自传体三部曲《童年》《少年》《青年》等。其作品对欧洲文学有很大影响。

名家名言

1.个人必须把他的全部力量用于努力改善自身，而不能把他的力量浪费在任何别的事情上。

2.要有生活目标，一辈子的目标，一段时期的目标，一个阶段的目标，一年的目标，一个月的目标，一个星期的目标，一天的目标，一个小时的目标，一分钟的目标。

 **名人故事**

托尔斯泰的仁者风范

1840年，夏天来临的时候，喀山大学学校大门外不远处有两个卖甜瓜的摊位。俗话说："同行是冤家。"两位摊主为了招揽顾客，展开了明里暗里的竞争。他们一个挂出"不甜不熟包换"的招牌，另一个招牌上则写着"不好吃退钱"。当然，两人也都练就了一副巧舌。每天，他们和顾客进行着不见硝烟的心理战争。个性精明的买主反复琢磨着两块招牌上的文字，比较着两位卖主的话语中谁的真实成分更多一些。

有一天，两位卖主遇见了一个与众不同的顾客。他来到摊位前，既不观察谁的甜瓜更新鲜，也不往招牌上瞅来瞅去，不等两卖主出言兜售，那人先问一个卖主今天已经卖了多少斤。这位卖主一愣，不知对方意欲何为，便如实地做了答复。那人又问了另外那个卖主，随后，他径直走向回答说卖得少一些的卖主，在那个摊上买了些甜瓜。等他走远后，两位摊主才明白过来：原来，那人是想帮助弱者呀！他们不知道，那个人就是列夫·托尔斯泰。那时他正在喀山大学求学，深受卢梭、孟德斯鸠启蒙主义思想的影响。

中年时期的托尔斯泰经常外出游历。有一次，他前往高加索，在路上遇到一个同路的小伙子，两个人便结伴而行，到达城里已是晚上 11 点左右，旅馆都已关门了。他们好不容易才找到一个正要打烊的小旅店。老板打着呵欠抱歉地说，挂了蚊帐的房间已经用完，让他们将就着在一个备用房间里睡一晚，边说边递过来两条薄毯子。

第二天早上小伙子醒来时，发现同伴已经不在房间里了，他用的那条毯子叠得整整齐齐，放在床头。小伙子起身出去，在走廊上遇见了旅店老板，便问他看见那个中年人没有，老板告诉他："你的同伴在水房用盐水洗了身子之后先走了，他托我向你告辞。"

"用盐水洗身子？"

"是啊。我刚起床，你那同伴就过来向我讨盐。我问他做什么，他说身上被蚊子咬得异常厉害，奇痒难忍，他想用盐水止痒。我看他的身上，果然密密麻麻地有几十个红红的小包。我很奇怪，因为身上盖了毯子，不至于全身上下到处都被蚊子叮咬啊。便问他，他解释说因为担心你被蚊子叮咬，于是干脆就一夜露着身体，好让蚊子只去叮咬他自己。"

想到中年人叠得整整齐齐的毯子，再看看自己浑身上下完好无损，小伙子深受感动。只是他并不清楚，那位喂了一夜蚊子的同伴就是托尔斯泰！

到了晚年，托尔斯泰的境遇变得非常糟糕。为了排遣心中的烦闷，他常常带了随从进山打猎。一次，托尔斯泰去一座名叫贡陀峰的山中打猎。贡陀峰是那一带海拔最高的山峰，接近峰顶的地方有一道山口，路极窄，仅容立足，脚下就是无底深渊，而且短短 10 多米的山道就有 3 个急弯。托尔斯泰和随从们骑马将一只狍子追到了山口。狍子慌不择路，顺着崎岖狭窄的羊肠小道向山顶跑去，随从大喜，都说这下可是瓮中捉鳖了。

正在兴头上的托尔斯泰见山口如此危险，连忙叫随从们停下，他说，这里地势如此危险，要是同时有人上下，岂不会相撞酿成惨剧？这里非得设置一个警示牌不可，于是他吩咐一名随从策马返回 50 里外的营地，拿来一个标有警示符号的木牌，托尔斯泰在另一面写道："凡上山下山，到此不妨大声叫喊几声以相互提醒。"然后插在路边显眼处。做完这些之后，天色也暗了下来，不能再上山猎取狍子了，眼看到手的猎物不得不放弃，随从们惋惜不已，唯独托尔斯泰喜滋滋地调转马头，向山下走去。

● 法拉第 ●

名人档案

迈克尔·法拉第，英国物理学家、化学家，也是著名的自学成才的科学家。他生于一个贫苦的铁匠家庭，仅上过小学。他确定了电磁感应的基本定律，这一定律发现奠定了现代电工学的基础。他总结出两条电解定律，这两条定律成为联系物理学和化学的桥梁。在化学方面他发现氯气和其他气体的液化方法。

名家名言

希望你们年轻的一代，也能像蜡烛为人照明那样，有一分热，发一分光，忠诚而脚踏实地地为人类伟大的事业贡献自己的力量。

名人故事

从苦难中走来的法拉第

1791 年 9 月 22 日，迈克尔·法拉第降生在英国萨里郡纽因顿一个贫苦的铁匠家庭。为了解决温饱问题，父亲老法拉第带着 5 岁的小法拉第和一家人迁居到了伦敦，希望由此改变一家人贫穷的命运。可到了那里，他的收入依然十分微薄，身体又经常生病，加上子女又多，所以小法拉第常常连饭都吃不饱，有时候甚至一星期只能吃到一个面包。后来哥哥和母亲找到了活儿干，小法拉第这才勉强有了上学的机会。

法拉第从小口吃，发音不准，不会发出字母"R"的声音，他入学后又碰到一位十分刻板的老师，经常用挖苦的办法来矫正法拉第口吃的毛病，结果适得其反，这使得他的发音更难矫正。这位老师见对他挖苦讽刺也不起作用，就采用鞭打的办法来矫正他的发音。这件事被法拉第的母亲知道了，她非常生气，认为孩子的健康比受教育更加重要，于是决定让孩子退学回家。这样，法拉第从小就只受过一点点读、写和算方面的启蒙教育，以后就再也没有过进学校学习的机会。

　　法拉第9岁那年老法拉第不幸逝世了。由于生活的逼迫，小法拉第不得不挑起生活的重担，去一家文具店当了学徒。12岁那年，他又开始了当报童的生涯。法拉第觉得卖报这个差事对他很是合适，因为在闲暇时他可以翻阅各种报纸，从中学习到许多的知识。在卖报期间，他走遍了城市的大街小巷，接触了各种各样的人物。这种工作虽然地位低下，但对法拉第而言却是一种很好的锻炼，他因此获得了丰富的社会阅历，变得有胆有识，十分机警。

　　到了13岁，法拉第觉得卖报这份工作对他不再适合了，便去一家工厂当杂工。在那里，他搬运物品、扫院子、擦地板，甚至还要给老板娘提水、洗衣服。老板和老板娘都很尖刻，他们发火时，常常把脏水泼到法拉第的身上，老板给他安排的伙食也非常差。法拉第难以忍受这种非人的生活，又去一家书店当学徒，起初他负责送报，后来充当图书装订工。每天一忙完工作，他就留在店里看书。这时候法拉第的头脑，就像那一块巨大的海绵，贪婪地汲取着知识。遇到不认识的字，他就记下来，请教送书来装订的顾客；遇到看不懂的内容，他就反复琢磨，仔细研究。到店里不久，法拉第就利用装订场的工作之便，阅读了大英百科

全书电学卷，了解了电的意义和作用，并阅读了物理、化学、天文、地质等方面的多种著作。莎士比亚的《哈姆雷特》《李尔王》，还有《一千零一夜》等，也都让他大饱眼福，兴奋不已。别人装订了好书，也常常推荐给他看。

一次，他的好朋友格平就对他说："法拉第，我这有一本《化学对话》，写得非常动人，你如果感兴趣，我可以抽出一本来，放在你的台子上。"下班铃响了，嘈杂的工场变得安静了，法拉第便独自坐在工人午休的小工棚里，借着昏暗的灯光，开始认真地读起《化学对话》来。这是女科学家马尔希特夫人写的一部科普读物，这本读物以生动活泼的文字，为人们展现了一个神奇无比、奥妙无穷的化学世界：有各种奇特的化学物质，有奇妙异常的分光镜，有化学药品神奇的医疗效果，还有发现化学元素的化学家的成长趣事……法拉第一下子被这部书吸引住了，他如饥似渴、忘我入神地阅读着。法拉第一连看了7遍，就是这么一个十分偶然的机遇，促使法拉第走上了研究化学的道路。

法拉第不仅专注于阅读，还利用印刷厂的废纸，把它们订成笔记本，用来摘录各种资料，同时写下读书和实验的心得，有时还配上插图。一个偶然的机会，英国皇家学会会员丹斯来到印刷厂校对他的著作，无意中发现了法拉第的"手抄本"。当他知道这是一位装订学徒记的笔记时，不由地大吃一惊，便送给法拉第4张皇家学院的听讲券。这对一心想到外面去见见世面的法拉第来说，无疑是一件求之不得的大好事，他心里别提有多高兴。那天演讲的是戴维教授，他是当时英国科学界的巨子。法拉第完全被戴维的演讲迷住了，听到精彩之处他更加激动不已，并且用笔飞快地记录下戴维教授所讲演的内容。回到小阁楼上，他又按照老习惯把白天记的笔记重新整理一遍，不遗漏任何一个细节。夜的寒气渐渐向法拉第袭来，可他毫无倦意，仍趴在矮小的桌子上抄呀，描呀。东方露出了鱼肚白时，他才完成了笔记的整理，而蜷曲的双腿早已麻木了。

法拉第从一个穷铁匠的儿子，经过自己的努力，克服了重重困难，成长为一位为人类做出巨大贡献的科学大师。他那种坚忍不拔、不断追求科学真理的大无畏精神，他那种一切从客观实际出发，重视科学实验的唯物主义态度，以及他那不盲目崇拜权威，不囿于传统观念，敢于提出独特见解的创新精神，都体现了一个科学家的优秀品格，永远值得后人特别是广大青少年学习和敬仰。

● 居里夫人 ●

名人档案

居里夫人，即玛丽·居里，是一位波兰裔法国籍女科学家。她与她的丈夫皮埃尔·居里都是放射性元素的早期研究者，他们发现了放射性元素钋和镭，并因此与法国物理学家亨利·贝克勒尔共同获得了1903年诺贝尔物理学奖。之后，居里夫人继续研究了镭在化学和医学上的应用，并且因分离出纯的金属镭而获得1911年诺贝尔化学奖。

名家名言

我们必须有恒心，尤其要有自信！我们必须相信我们的天赋是要用来做某种事情的，无论代价多么大，这种事情必须做到。

 **名人故事**

居里夫人的实验课

今天又到居里夫人的实验课时间了，孩子们早就在教室门口张望。今天居里夫人又会给大家带来什么好玩儿的游戏呢？

对，是游戏，居里夫人的实验课就像游戏一样好玩儿，她每次都会带来一些让孩子们意想不到的东西，当然这些东西在生活里大多孩子们都见过，可是，这些再普通不过的常见物品到了居里夫人的手中，都会变成魔术道具。居里夫人来啦，大家赶紧坐好，摆正了自己面前的书本。

"弗朗西斯·佩兰，请你到讲台这儿帮我个忙。"说着，居里夫人把一个透明的玻璃器皿注满了水，又从袋子里取出了一个猪膀胱，当然这个猪膀胱早已被处理得干干净净了。

只见小弗朗西斯·佩兰兴奋地走到了讲台上，老师能够点名让她帮忙做实验，她兴奋极了，这可是一个十分光荣的角色，大家都盼望的机会被自己得到了，能不高兴吗？

居里夫人把手里的膀胱递给了她，然后又让她往膀胱里注了些水，小弗朗西斯·佩兰顺利地完成了任务。这时的猪膀胱变得沉甸甸的，居里夫人让她小心地把注了水的猪膀胱放到盛满水的玻璃器皿当中，大家看到，白白的猪膀胱软软地趴在水底，一动不动，像个大章鱼，只是没有脚。

居里夫人问大家："膀胱为什么会沉在水里呢？"大家高声地回答"太重了"。居里夫人让小弗朗西斯·佩兰把膀胱里的水倒出去一些，接着把膀胱放到水里，结果膀胱只是浮起了一部分，大部分还是沉在水里。最后居里夫人让小弗朗西斯·佩兰干脆把膀胱里的水全部倒掉，然后把膀胱的口儿扎好，最后将膀胱继续放到水里，可是膀胱还是没能浮起来。这时，居里夫人问大家该怎么办才能让膀胱浮起来。有人提议往玻璃器皿中再加些水，有人提议让小弗朗西斯·佩兰往膀胱里吹气……

结果居里夫人说："我们的佩兰的确很强壮，还是先请她用嘴来吹气吧！"

小弗朗西斯·佩兰很卖力，不久就把猪膀胱吹得好大好大。

居里夫人笑着对佩兰说："这样就好，实在太好啦，我们赶紧把口儿扎紧吧。"

如此大的气球膀胱当然可以漂浮在水面上啦，居里夫人问道："同学们，谁能回答我，同一个膀胱为什么开始沉在水底，现在又能浮在水面呢？"

这个问题太简单啦，同学们纷纷举手抢着回答。书本上枯燥的定义，竟然变成了解答问题的密码，是如此生动和准确，而且简洁，同学们竟然发现自己喜欢书上的解释啦。

居里夫人就是这么神奇，总能把生活现象引用到实验课里来，让同学们在亲自动手、亲自观察中主动寻找答案，真正理解其中隐藏的道理。你看，这样的实验课，孩子们怎么能不喜欢呢？

◉ 爱迪生 ◉

名人档案

托马斯·阿尔瓦·爱迪生，美国发明家、企业家。拥有众多重要的发明专利，被传媒授予"门洛帕克的奇才"称号。他是世界上第一个利用大量生产原则和工业研究实验室来进行发明创造的人。他拥有超过2000项发明，包括对世界有极大影响的留声机、电影摄影机、钨丝灯泡等。在美国，爱迪生名下拥有1093项专利，而他在美国、英国、法国、德国等地的专利数累计超过1500项。

名家名言

1.世间没有一种具有真正价值的东西，可以不经过艰苦辛勤劳动而能够得到的。

2.我的人生哲学是工作，我要揭示大自然的奥秘，并以此为人类造福。我们在世的短暂的一生中，我不知道还有什么比这种服务更好的了。

 名人故事

不被社会言论左右的爱迪生

爱迪生被誉为"发明大王"。但是，在爱迪生尝试发明灯泡的时候却并非只有赞美这一种声音，无论是赞美还是嘲讽，爱迪生都没有放在心里。他知道实现自己发明灯泡的梦想才是最重要的事情，他不会让别人的意见轻易左右自己的行动。

为了寻找到合适的灯丝，钡、铑、钛等各种稀有金属他一律都试过了。但最终他还是放弃了这个方向，因为他觉得他研究的灯泡得老百姓用得起才行，如果制作原材料过于昂贵，根本就没有投入市场应用的价值。所以，他开始把目标转移到了稻草、棉线、藤条等物品上，就连人的胡须、头发都被他当成灯丝，用于试验，可是这样做出来的灯泡总是在极短的时间内就烧毁了，实用而

又经济的灯泡好像成了泡影，各种非难和质疑声四起。

对爱迪生嘲讽最多的就是那些煤气公司的老板们，因为如果爱迪生的电灯发明成功并被广泛应用，那谁还会用难闻而又不方便的煤气灯呢？这些煤气公司的老板们为了保护自己的经济利益，拼命地反对爱迪生的电灯研究。他们四处散播谣言，说爱迪生是个不折不扣只会吹牛的大骗子，劝人们千万不要相信世界上会有可以广泛使用的电灯出现，爱迪生发明的电灯中永远不会有一只能够使用超过 20 分钟的，并且有人还扬言如果爱迪生真能制造出使用时间超过 20 分钟的电灯，他情愿花 100 美元买下来，有多少只就买多少只。

这样的讽刺话爱迪生听得多了，他才懒得理这些无聊的人。爱迪生带领着他的实验小组成员不分日夜地实验着，不管失败了多少次，爱迪生都一笑之后又重新开始。直到 1879 年 10 月 21 日，他们把碳化的棉线装进了灯泡，而且把灯泡里的空气抽成真空时，快速地封口。奇迹出现了，当电流接通的那一刹那，灯泡放出了耀眼的光芒。啊！他们成功了！所有的辛苦都在瞬间化作了喜悦。这一天被载入了世界科技史。这盏电灯整整亮了 45 个小时，而且它的制作成本低廉，可以大量制造使用，这说明具有广泛使用价值的电灯出现了。

这时，那些别有居心的炒作家们就又开始了他们新的话题，他们说爱迪生发明的电灯是用天上的星星制作的，人们千万不要使用，否则，天上的星星会越来越少的。爱迪生告诉大家，这只是普普通通的发明创造，他本人还没有摘星星的能力，千万别相信那些乱说话的人。他未来的目标依然是制造价格更低、使用寿命更长的电灯，绝不会浪费精力去摘星星造电灯。

更有甚者，煤气公司的老板们雇用一批流氓去破坏爱迪生的试验。一天，在门罗公园的广场上，爱迪生正准备公开试验最新的白炽电灯，可是，当爱迪生打开电灯开关的时候，电灯却没亮，一检查发现是配线里的保险丝断了，顿时，围观的人群开始喝倒彩。就在这时，一位年轻的助手从人群里抓住一个人走了上来，原来，刚才助手看见此人偷偷摸摸地靠近试验的机器并对机器动了手脚，他立刻追了上去，终于把他给捉住了。助手押着此人走到了实验台前，他大声地说："大家请安静，刚才的意外就是这个人造成的，是他把配线故意弄断的。"此时，其他实验人员早已经把配线重新安装好了，就在爱迪生把开关合上的那一刻，公园广场上的上千只白炽灯齐刷刷地全亮了，在夜幕的映衬下格外壮观和美丽。人们蹦跳着，欢呼着，高呼着爱迪生的名字，广场上一片欢腾。

● 罗斯福 ●

名人档案

富兰克林·德兰诺·罗斯福，美国第32任总统，美国历史上唯一蝉联四届的总统。罗斯福重新定义了自由主义，并根据他的新政联盟重组了民主党。他同华盛顿和林肯齐名，被学者评为美国最伟大的三位总统之一。

名家名言

做伟大的事情，享受骄傲的成功，哪怕遭遇失败，也远胜过与既不享受什么，也不承受什么痛苦的可怜虫为伍，因为他们生活在不知道胜利和退败为何物的灰暗混沌地带。

名人故事

全心造福他人的罗斯福

天降厄运

1907 年，罗斯福大学毕业后走上了仕途。正当他想大展宏图的时候，上天的考验就来了。

1921 年 8 月，美国边界的森林起了一场大火，熊熊的大火吞噬着森林。罗斯福勇敢地参加了这次抢险战役，不顾危险地冲在了最前面。当火灾结束后，疲惫不堪的他跳进了冰凉的海水里游了个泳，上岸后还没有换下湿衣服，就有人给他送来了急信，等把这件事处理完他才换掉湿衣服。但是，睡了一晚后，第二天他就开始高烧不退了，紧接着下肢失去了知觉。

两周后医生确诊，罗斯福患上了脊髓灰质炎，也就是人们常说的小儿麻痹症。这让罗斯福一下子仿佛掉入了深渊。

人生的巨变就这样考验着罗斯福，雄心勃勃的罗斯福该如何从这样的晴天霹雳中走出？很多人都认为罗斯福这一生是彻底完了，再不会有什么大的作为了。

但是罗斯福在短暂的消沉后，就开始积极配合医生治疗，为了康复，他常常满头大汗地花上几个小时来活动自己的脚。

就这样，他积极乐观地进行康复训练。几个月后，终于能够靠双拐和轮椅四处活动了，人们去看望他的时候，听到的总是他爽朗的笑声和睿智的话语，丝毫不见受到打击的样子。

1924年，他又来到了佐治亚州的温泉疗养区治疗，只用了一个多月就能够不借助双拐自己行走了，只是成了跛足。

生命的灾难让他体会到了健康的重要，他更加能够体恤弱势群体了。他一边疗养，一边筹备建造专门治疗小儿麻痹症的疗养所，疗养所建好后，他同病人们一起游泳，一起聊天。

他的心理调节能力很强，在不幸面前，他看到的是更多人的不幸，因此他更加关注救助事业的发展。他把自身的能量积极地向外传递着，受到他帮助的人越来越多，他的乐观和坚强影响着他身边的人，他的善行赢得了人们的赞美。

勇担重任

罗斯福经受住了生活的考验，而且始终没有放弃自己的理想和追求。就在1929年，罗斯福成功地担任了纽约州州长，他大刀阔斧地推行了一系列的改革，并且取得了良好的效果。

人们看到的罗斯福不是跛足之后的哀叹者，而是一如既往关心民生问题的乐观者，他已经把自己深植进了美国民众的心中。

1929年，经济危机四处蔓延，美国的经济大受打击。适逢危机之时，美国开始了新一轮的总统大选。1932年，罗斯福代表民主党参加竞选，大获全胜，当选为美国第32任总统。

上任后，罗斯福在第一批命令里就规定了一条：只要是向白宫求助的电话，一个也不准挂断。由此可以看出，罗斯福切切实实地把社会救助放到了很重要的位置。正因为他这样看重民众的需求，所以他成了美国史上任期最长的总统，人们亲切地称他为"轮椅上的总统"。

当上总统不是最后的结局，而是挑战的开始。如何在不景气的大环境下让美国的经济快速复苏，这是需要真枪实弹地去做事的。他刚上任，《紧急银行法》《黄金储备法》《农业调整法》等重要法案就接连出台，一连同系列配套的社会福利措施，让美国很快从经济危机中走了出来。

全心全意把普通民众放到心上的罗斯福，淡化了自己的不幸，既成就了自己在任期间美国的这段光辉历史，也成就了自己的人生。

● 卓别林 ●

名人档案

查理·卓别林，20世纪英国著名的喜剧演员，现代喜剧电影的奠基者，在世界范围内享有盛誉。卓别林幼年丧父，曾在游艺场和巡回剧团卖艺或打杂。1913年，随卡尔诺剧团去美国演出，被美国导演M.塞纳特看中，从此开始了他的电影生涯。1914年2月7日，头戴圆顶礼帽、手持竹手杖、足蹬大皮靴、走路像鸭子的流浪汉夏尔洛的形象首次出现在影片《威尼斯儿童赛车记》中，这一形象成为卓别林喜剧片的标志，风靡欧美20余年。

名家名言

1.我们必须互助。我们希望借他人的幸福生存，而非倚赖他人的不幸。
2.历史上所有伟大的成就，都是由于战胜了看起来是不可能的事情而取得的。

● 名人故事

卓别林毛遂自荐

第一次毛遂自荐

1889年，伦敦一个贫困的艺人家里多了一个孩子，这个孩子就是卓别林。卓别林的父亲是个杂技场的戏剧演员，母亲是一名歌唱演员。

当时的英国同旧中国一样，艺人的社会地位很低下，每天也就是挣扎在吃饱肚子的边缘上。而且此时的英国正处于经济大萧条时期。卓别林的父亲在卓别林出生后不久就失业了，他只知道借酒消愁，没过多久就死了，是母亲带着两个孩子坚强地生活着。

为了生存，母亲每天拼命地赶场子挣钱养家。孩子没人照看，她只能带上孩子去演出。每次她演出时，两个孩子就乖乖地站在幕后看着妈妈。耳濡目染，聪明的小卓别林很快就学会了母亲唱过的很多歌曲。

　　生活的压迫、过度的劳累让母亲的嗓子越来越不好了。可是她无法休息，就是这样每天忙个半死，两个孩子也只能是填饱肚子。她必须坚持着，熬着，挺着。这种状况到卓别林5岁的时候，发生了改变。

　　那一次，小卓别林和弟弟依然躲在幕后看母亲演出。母亲一开始的时候嗓音还算很动听，可是不一会儿嗓子就一点儿也发不出声了。台下的人群出现了骚动，有的观众甚至趁机大喊着要退票。这下把老板急坏了，他凶巴巴地大声训斥着母亲。

　　卓别林虽然年纪小，可是看到母亲因为唱不了歌被骂，他还是很勇敢地从幕后跑了出来，对着老板就说："你不准骂我妈妈，我替我妈妈来唱歌！"

　　救场如救火，小孩子是很讨人喜欢的，老板平常也听过卓别林唱歌，觉得唱得很不错，常常夸他，可是这毕竟是舞台，一个孩子能行吗？考虑再三，老板才下定决心，说："好吧，你要好好唱，不许捣乱，如果唱砸了，你也会一起被骂的！"

　　只有5岁的小卓别林很有台风，他自自然然地走到台上，接着母亲的歌就往下唱。他的歌声是那样清脆嘹亮，而且唱时富有表情，并且他还根据自己的理解又加上了很多独特的动作。台下骚动的人群立刻安静了下来，人们惊奇地看着这一切。一首曲子刚唱完，剧场里就响起了比以往更热烈的掌声。"好！再来一首！小朋友！"台下观众呼声很高，大家都一致要求他再唱一首。就这样，在大家雷鸣般的欢呼声中，卓别林接连又唱了好几首。

此后，母亲就完全不能唱歌了，只能到处打短工度日。但是，一有空，母亲还是会教卓别林兄弟两个唱歌和表演，卓别林好像天生就善于模仿，总是一学就会。小小年纪的他常常在母亲出去打工的时候，自己跑到街上卖艺挣钱。

到了7岁的时候，卓别林该上学了，母亲左拼右凑给他交了学费，可是卓别林只上了一年学，母亲就病得更严重了，再也无力供养他上学。8岁的卓别林还是个孩子，却不得不辍学开始四处打工，他先在杂货店做小伙计，后来在有钱人家当用人，再后来在印刷厂当学徒。为了生存，他又开始当流动的小贩卖小玩具。人世的辛酸，小卓别林尝了个遍，但也正是这些丰富的人生经历为他日后的创作积累了大量鲜活的素材。

第二次毛遂自荐

小卓别林10岁时，就开始到一个戏班当学徒。老板对演员非常严厉，他特别规定了戏班里所有的孩子都必须会木屐舞，然而卓别林不喜欢这种舞蹈，却对丑角很感兴趣。他经常主动向团里的丑角师傅请教，就是走在街上看到卖艺的小丑也都要仔细看半天。时间一长，他竟然积累了很多丑角的表演经验。

这一年的圣诞节，团里请到了法国的一位著名的丑角明星马塞林来表演。马塞林需要一个助手当配角，因为马塞林的名气太大，戏班中演丑角的人竟然都不敢尝试这个角色。卓别林初生牛犊不怕虎，他自告奋勇说他可以演，老板看他平常的表演确实不错，也就答应了。没有想到的是，卓别林和马塞林竟然配合得相当合拍，表演非常成功。

从此，卓别林走上了丑角表演的道路，他很快成为戏班中最重要的丑角。在一次欧洲巡回演出中，他被法国非常著名的卡尔诺剧团看中了。为了提高技艺，他开始自学莎士比亚和狄更斯的作品。没有人能够想得到他是一个只读过一年书的人，他靠他的勤奋从实践到理论升华着自己的喜剧。

他的《淘金记》在纽约一上演就引起了轰动。他表演的喜剧让全世界知道了他的名字。这个"世界丑角"用笑诠释着人生的苦，受到了全世界观众的无比喜爱和尊重。

● 洛克菲勒 ●

名人档案

　　约翰·戴维森·洛克菲勒，美国实业家、慈善家，因革新了石油工业与塑造了慈善事业现代化结构而闻名。1870年他创立了标准石油，在全盛期他垄断了全美90%的石油市场，成为美国第一位亿万富豪与全球首富。他也普遍被视为人类近代史上的首富，财富总值折合今日之4000亿美元以上。在他漫长的一生中，人们对他毁誉参半。他极为沉默寡言、神秘莫测，一生都在各种不同角色和层层神话的掩饰下度过。

名家名言

1.命运给予我们的不是失望之酒，而是机会之杯。

2.我们的命运由我们的行动决定，而绝非完全由我们的出身决定。

3.我们劳苦的最高报酬，不在于我们所获得的，而在于我们因此成为什么。

● 名人故事

从小"经营"的洛克菲勒

　　洛克菲勒出生在一个典型的犹太家庭里，从四五岁开始，父亲就让他帮助妈妈提水、拿咖啡杯，然后给他一些零花钱。他们还给各种劳动定了价格：打扫10平方米的室内卫生可以得到半美分，打扫10平方米的室外卫生可以得到一美分，给父母做早餐可以得到12美分。他们再大一点儿的时候，他的父亲就不再给他零花钱了，而是告诉他如果想花钱，就自己去挣！

　　年少的洛克菲勒经常在农场帮父亲干活儿。他帮父亲挤牛奶，跑运输，父母把每一个细小的环节都量化，算好账。他把自己给父亲干的活儿都记录在自己的记账本上，到了一定的时候，就和父亲结算。每到结算时候，父子两个就对账本上的每一个工作任务开始讨价还价，他们经常会为一项细微的工作而争吵。

　　6岁的时候，洛克菲勒看到有一只火鸡在不停地来回走动，很长时间了也没有人来找，于是就捉住了那只火鸡，把它卖给了邻居。父亲认为他有做商人的独特本领，便对他大加赞赏。

有了这次经历，洛克菲勒的胆子大了起来，不久就把从父亲那里赚来的50美元贷给了附近的农民，他们说好利息和归还的日期之后，就成交了。贷款到期时，洛克菲勒毫不含糊地收回了53.75美元。这令当地的农民觉得不可思议：这样的一个小孩儿居然有这么强的商业意识。

早期对商业的敏感帮助了洛克菲勒，使他的事业一帆风顺，甚至他一生中重要的几次行动和日后的经营风格，在他早年时就已显露出了端倪。

有了孩子以后，他也把父亲的这套办法教给他的子女。自己的公司，他拒绝他的儿女们进入，即使是他的妻子，他也极少让她进入公司，除非有什么紧急或者特别的事情。在他的家里，他搞了一套完整的"市场经济"，洛克菲勒让自己的妻子做"总经理"，而让自己的孩子们做家务，由自己的妻子根据每个孩子做家务的情况，给他们零花钱，整个家庭似乎就是一个公司。

洛克菲勒还让他的孩子们学着记账，要求他们在每天睡觉的时候，必须记下每一天的每一笔开销，无论是买小汽车还是买铅笔，都要如实地一一记录。而且，洛克菲勒每天晚上都要查看孩子们的记录，无论他们买什么，他都要询问为什么要买这些东西，让孩子们做一个合理的解释。洛克菲勒询问孩子们的花销，但绝对不干涉，这让孩子们很高兴，他们都争着把自己记录整齐的账本给他们的父亲看。

洛克菲勒经常告诉孩子们，要学会过有节制地生活。他在厨房里摆放了6个杯子，杯壁上写着每个孩子的姓名，杯子里面装的是孩子们一周用的方糖。如果哪个孩子过多地贪吃了杯子里的糖，那么等到别人喝咖啡放方糖的时候，他就只能喝苦咖啡了。如果想要得到糖，那就只有等到下周父母发放的时候。经过这样的几次训练，孩子们都知道了有节制地生活是有好处的，而如果随便消费自己的东西，消费完了，等待的就只有苦味了。

● 福 特 ●

亨利·福特，美国汽车工程师与企业家，福特汽车公司的建立者。他也是世界上第一位使用流水线大批量生产汽车的人。他创造的生产方式使汽车成为一种大众产品，不但改革了工业生产方式，而且对现代社会和文化产生了巨大的影响。在美国学者麦克·哈特所著的《影响人类历史进程的100名人排行榜》一书中，亨利·福特是唯一上榜的企业家。

名家名言

1.教育并不是为了你生活而准备的事情，它是你一生中了无间断的一部分。

2.一个受良好教育的人，应该是样样都通一点，而对某一种事情精通。

名人故事

好奇的福特爱实验

　　火车点燃了他发明创造的火花，在别人的异样眼光中，他建立了自己的汽车王国，所有的人都享受到了他的恩惠，他改变了人们的出行方式。他就是福特。

悲喜火车

　　1863 年 7 月 30 日，福特出生在美国密歇根州迪尔本。福特的父亲做过铁路工人，后来又忙活自己的农场和冶炼厂。因为有这样的父亲，小福特喜欢拆装机械物件就不足为奇了，家里的钟表，父亲的农具，冶炼厂的机器，对于福特来说都具有吸引力，他只要逮着机会就会拆装一番，一探究竟，当然这样的机会并不多。虽然钟表被拆过，农具被卸过，但对机器父亲却看守得比较严，他一直不能偷偷靠近。

　　福特小时候，父亲带他一起到底特律办事，这是福特第一次看见火车，他的兴奋在大人看来有些可笑。就在做过铁路工人的父亲正和火车司机聊天的时候，小福特壮着胆子问火车司机可不可以让自己坐到火车头上试一试，对于故人之子，列车长自然是破例开恩，他把小福特抱到自己的膝盖上，还真为这个小家伙单独发动了一次火车。

兴奋过头的小福特在回家路上一直在想，要是自己有一列火车该多好，那样自己就可以当神气的司机先生了，天天开着火车玩。

心动不如行动，就在第二天，他就开始了自己的造火车行动，这次行动当然不能被父母发现，他们总会把他的伟大创举扼杀在萌芽状态。所以趁着父母不在家，他抓紧时间烧了一壶开水，在另一个水壶里放满了火红的煤炭，然后把这两个水壶一前一后地放在可爱的雪橇上，他的简易火车就是这样制作完成的。

他一边大喊着"火车出发，火车出发"，一边吃力地拖着雪橇前行。父亲一进门，看到这样的场面，吓得父亲赶忙把他推离了雪橇和水壶。父亲把他按到地上就是一顿揍，然而小福特唯一感到遗憾的是父亲怎么回来得这么早，他的火车还没有玩够就被发现了。

危险实验

7岁的小福特该上学了，到了学校的他一样不让老师省心，大概天才总是太过于执着于自己的世界，以至于常常不会顾及普通大众的心情，他把喜欢的数学考到第一名，却把其他科目以倒数第一交差。面对父亲的严厉管教他用自己的游击战术应对，面对自己的发明一次次地被破坏，他便建立了一个秘密基地。

福特的秘密基地里有锉刀，这把锉刀是由捡来的铁片做成的；有钻孔机，钻孔机是用母亲的棒针组合加工成的，当然里面还有他藏的锯子、铁锤等，这些秘密武器无一例外全是他特制加工而成的。

福特的实验由家里逐步扩展到了学校，有一次，他竟然在学校制造蒸汽机，蒸汽机的引擎爆炸了，铜片和玻璃弄伤了同学的头，划破了福特的嘴巴和胳膊，连学校的栅栏都被震倒了。父亲被校长叫去批评的时候，小福特还没能领会到自己闯了多大的祸，他在想为什么会爆炸，如果不爆炸，谁也不会发现他的实验，气得父亲威胁他，再闯祸就别上学了，回家种地得了。但福特没有放弃自己的梦想。

16岁的福特毕业后一个人来到了底特律。他的梦想是学最好的机械制造技术，开自己的工厂卖自己的产品。不怕危险、喜欢动脑筋的福特最终制造出了自己的福特汽车，成为汽车行业的领军人。

● 戴高乐 ●

名人档案

夏尔·戴高乐，法国军事家、政治家。曾在第二次世界大战期间创建并领导自由法国政府，战后成立法兰西第五共和国并担任第一任总统。在2005年，法国国家电视台举行的"法国十大伟人榜"评选中，他被广大观众评选为法国历史上最伟大的人。

名家名言

1.我是一个既不隶属任何人，又隶属任何人的人。

2.难道败局已定，胜利已经无望？不，不能这样说！

3.伟人之所以伟大，是因为他们立意要成为伟人。

● 名人故事

不屈服的戴高乐

第一次世界大战后期，戴高乐任法国第33步兵团上尉。1916年3月，戴高乐在对德战役中受伤被俘，被囚在德国南部地区战俘营中两年零八个月。

当时被德国人俘虏的法国人有40多万。与那些暗自庆幸能够借此远离战争和硝烟的人不一样，戴高乐不愿听凭命运的摆布。他全身心地"沉迷"于策划和实施越狱计划，先后六次逃脱，又六次被抓回来，但仍不愿放弃。用他自己的话说，他就是"屡教不改的一根筋"。

每一次逃跑，戴高乐都吃了不少苦头，而每一次都很危险，不仅需要体力，更需要智慧。最大胆的一次是从德国巴伐利亚州的因戈尔施塔特战俘营逃跑。1917年2月，戴高乐被辗转送到该战俘营。那里戒备森严，专门用来关押曾经试图逃跑的军官。一到那里，戴高乐就想着怎么逃出去。他偷偷服用了大量用来做柠檬水的苦味酸。他一喝下去，顿时就出现了特别可怕的重度黄疸症状，脸黄、眼黄、尿黄，等等，整个人几乎没有了人样。不过，戴高乐终于如愿以偿，他很快被送到当地军队医院的战俘附属医务所。这个附属医务所专门收治战俘，而紧挨着医务所的军队医院里住的全是德国伤兵。

当时，一些法国战俘有时也被单独带到那里接受特殊检查和治疗。于是，他和另一位法国上尉迪派一起商定，从军队医院绕道逃跑。他们设法弄到了德国军服和便装，便开始实施逃跑计划。

1917 年 10 月 29 日，由迪派化装成德国护士，搀扶着假装生病的法国大个子上尉，戴高乐则拖着装满两人生活用品的大口袋。就这样，两个人大摇大摆地走出了战俘医务所。一进德军医院，他们便立即找到一间不显眼的小屋子，用自制的万能钥匙打开门，然后进去换上便装。等到晚上，戴高乐和同伴就混在德国伤兵和前来探望的德国平民中走出了医院。他们本打算徒步去 300 公里以外的瑞士小镇，可刚走到三分之二的路程就不幸被俘。其实，他们这时已经在雨天里又冷又饿地连续走了五天五夜，正是一脸的倦容让他们在敌人搜捕时露了馅儿。

因为几次试图越狱逃跑，戴高乐被罚关在所谓的"黑屋子"里长达四个月之久。那里又黑又冷，不能通信，没有书看，没有纸笔，没有灯光，没有暖气，吃的喝的也仅够维持生命。戴高乐只能经常背诗，有时还倒着背诗的字母和单词。这样，一来可以不至于因为闲得无聊而浪费时间；二来可以强化自身的文化修养和记忆力；三来可以让自己和同伴都能保持良好的心态，并给敌人造成一种假象，让他们以为这个俘虏已经完全醉心于学习，而不再琢磨逃跑的事了。他特意在监狱里搞了许多讲座，内容有关于历史专题的，有关于军事指挥的，甚至还有关于德国文化的。其实，他表面上心平气和地做报告，暗地里却开办了一所真正的"越狱学校"。

整个"一战"后期，戴高乐就没有放弃过越狱的念头。1918 年 11 月初，一个战争委员会又因戴高乐两次逃跑判处他 120 天的监禁。恰好这时签署了停火协定，战争结束了，因此，他没去服这个刑。但倔强的他仍然一直坚持与德国人做斗争，一直到第二次世界大战爆发。

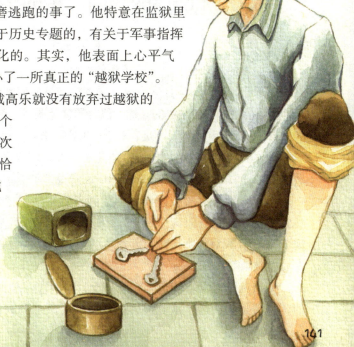

◯ 毕加索 ◯

巴勃罗·鲁伊斯·毕加索，西班牙画家、雕塑家。现代艺术的创始人，西方现代派绘画的主要代表。他自幼有非凡的艺术才能，他的父亲是个美术教师，他曾在美术学院接受过比较严格的绘画训练，具有坚实的造型能力。毕加索的一生辉煌之至，他是有史以来第一个亲眼看到自己的作品被收藏进罗浮宫的画家。

名家名言

1.有人问："什么是艺术？"我回答："什么不是艺术？"

2.呵！高尚的风度！多可怕的东西！风度乃是创造力的敌人。

名人故事

自己的路自己走的毕加索

我要画画

毕加索的父亲是一位很有才华的绘画老师。毕加索小的时候，父亲经常带他到画室玩儿，所以小毕加索有机会看到父亲是如何画画的。在父亲的影响下，小毕加索对绘画产生了浓厚的兴趣。他时常拿着画笔，在纸上信笔涂鸦，他喜欢用笔表达自己的想法和愿望。不过，对于毕加索的未来，他的父亲可不想让儿子同自己一样清贫度日，在内心里他更希望儿子能够好好读书，将来找一份体面的工作。所以在毕加索6岁的时候，父亲把毕加索送进了当时马拉加最好的学校去读书。

然而毕加索对学校开设的课程并不感兴趣，他常常偷偷地跑回家来画画。尽管父亲耐心地给他解释为什么要送他去学校，可是毕加索却有些固执地反驳说："爸爸，我对老师讲的东西根本听不进去，去也是白白浪费时间，你就让我专心学画画吧！"

父亲见毕加索真的想学画画，也只好答应了他的请求，不过学校还是要去的，书还是要读的。从此，毕加索用在画画上的时间更多了。只要放学回家，他便把自己的画拿给父亲看，父亲也推荐他看一些大师的作品，给他讲一些传统技法。毕加索很聪明，他能把刚学到的一些画法很快地融入自己的画作里。这样没几年，毕加索的作品就已经得到了周围人的认可。

后来，因为父亲工作的关系，毕加索全家搬到了巴塞罗那。这一年，14 岁的毕加索也以优异的成绩考上了巴塞罗那美术学院。巴塞罗那美术学院的学习环境很宽松。毕加索因为随父亲学画比较早，这里的大部分课程他都已经学过了，所以更多的时间他都是在自己创作和自学。在此期间他交了好几个绘画方面的朋友，他们经常谈及各自对绘画的见解，然后互相剖析对方的作品有哪些问题。1897 年，毕加索创作的油画《科学与仁爱》在全国美术展上获得了荣誉奖。评论家一致认为这幅画风格很独特，主题也很深刻。在这幅画里，毕加索已经能够很成熟地运用各种古典绘画技法了。

怎样学习是自己的事

听到毕加索画作获奖的消息，他的亲友感到很高兴，他的叔叔还特意答应资助他。这年的秋天，毕加索成功地考入了西班牙圣费尔纳多皇家学院。但是他一进入学院就感到了失望，学院的教学内容很空洞，教学方式教条且死气沉沉。这让毕加索感到很厌烦。所以他很少到学院来，除了去学校的画室，他几乎放弃了学校的所有课程，而是经常去马德里最著名的美术馆——普拉多美术馆，仔细观察、品味和临摹格列柯、提香、鲁本斯等人的作品。从这些大师的作品上吸取养分，获得灵感。

这时巴塞罗那艺术界正掀起一场"现代主义"的运动。在新的艺术思潮的刺激下，本来就对传统绘画存在反叛意识的毕加索，内心更是冲动，思维也有些混乱，显得杂乱无章。在学校没待多久，毕加索感觉到自己的水平已经完全可以毕业了。他不再去上课，把大量的时间用在写生上，他此时的写生作品往往令学校校长都为之惊叹。

毕加索经常不上课的消息传到了马拉加。唐·萨尔瓦多和其他叔父、姨母们很快停止了对他的经济资助。他们的原则是：对天才倾囊相助，对浪子决不姑息。只有他的父亲，继续"尽其所能"地供养他。因此毕加索到了穷困潦倒的地步，生活更加拮据，甚至连画具和纸张都买不起了。

但这个固执的画家仍旧每天在街头游荡，他从那些被画的对象身上看到了什么叫社会和人生。从他们身上，他发现了生活的可塑性。这一发现，成为他日后创作中基础性的东西，并在他第一幅立体主义绘画作品中形象地表达了出来。

"立体主义"成了毕加索的探索方向，他在这一领域取得了成功，不久他就走出了经济紧张的困境，最终成了一位立体主义画派大师。

● 曼德拉 ●

纳尔逊·曼德拉，1918年7月18日出生于南非特兰斯凯一个大酋长家庭。先后取得南非大学文学学士和威特沃特斯兰德大学律师资格，当过律师。曾任南非非洲人国民大会"青年联盟"全国书记、主席，非国大执委，德兰士瓦省主席，全国副主席。他成功地组织并领导了"蔑视不公正法令运动"，赢得了全体黑人的尊敬。于1994—1999年间任南非总统。曼德拉曾在牢中服刑27年，在其40年的政治生涯中获得了超过100项奖项，其中最著名的便是1993年的诺贝尔和平奖。被尊称为"南非国父"。

名家名言

1.当我走出囚室迈向通往自由的大门时，我已经清楚，自己若不能把痛苦与怨恨留在身后，那么其实我仍在狱中。
2.精明的头脑和善良的心灵往往是个不可思议的组合。

● 名人故事

永不屈服的曼德拉

曼德拉这位非国大（南非非洲人国民大会的简称，下同）的领导者，在1961年6月创建了非国武装事组织——"民族之矛"后，引起了白人执政者的恐慌。第二年他就被以"政治煽动和非法越境"的罪名送进了监狱，最终被判终身监禁，而被捕时的曼德拉才43岁，正当壮年。

囚 服

在狱中，曼德拉并没有放弃斗争。在被押送到罗本岛上的监狱的第一天，只有一名印度人的囚服是长裤，而曼德拉等人却被命令穿上短裤。在非洲传统中，短裤含有"小孩子"的意味，这显然是对曼德拉等人精神上的侮辱和虐待。

沉稳的曼德拉暗暗发誓：我今天是被逼着穿上了短裤，但是，这样的日子绝不会长久。

坚忍的曼德拉不断地提出抗议，要求政府给政治犯改善待遇，给予比较合适的伙食、衣服和正常看书读报学习等一些最基本的人权。他强烈要求见监狱方面的负责人，不断地提出申诉。

开始的时候，监狱方面无视他的抗议，但是到了第二周，他的牢房里就多出了三条长裤。然而，这样的待遇只有他一个人获得。

敏感的曼德拉马上就明白了狱方这样做的企图：狱方这是明摆着要用这几条长裤打发他，想堵住他的嘴，瓦解他的斗志。他冷冷地让看守人把长裤收走，并且说："只有监狱里的每一位囚犯都穿上长裤，我才会穿。"

这样的话让监狱长韦斯尔上校愤怒极了，他吼了一句："那你就继续和你的同志们一起穿短裤吧！"

坚强的曼德拉开始向司法部部长写请愿书，争取被释放的权利，然而对方却说只有曼德拉他们放弃武装抵抗，才能让他们重获自由。

曼德拉答复道："南非人民一天没有获得自由，我和我的战友就一天不会放弃斗争。"曼德拉的立场是坚定的，无论斗争多么严酷，即使是在狱中他也不会放弃希望、放弃努力。他深深知道提高狱中生活条件、保存实力有多么重要，他把这种斗争看成是自己反对种族隔离与种族歧视斗争的延续和重要组成部分。

直到 1965 年的夏天，曼德拉抓住国际红十字会来罗本岛了解政治犯的生活情况的机会，向他们反映了监狱里的情况。迫于国际红十字会的压力，监狱方给曼德拉和他的狱友们发放了长裤。

写 书

在曼德拉的强烈要求下，每间牢房又增加了简易的桌椅和一些文具。

坚忍的曼德拉，决不让监狱的风霜麻木自己的神经，消磨自己的斗志。在不懈的努力下，曼德拉争取到了读大学的机会，虽然是函授方式的，但是他和他狱友的生活明显充实了起来。

曼德拉开始写回忆录了，仅仅 4 个多月，初稿就完成了。书稿详细记录着他的成长、感悟和斗争的历史，整整 500 页的书稿，被狱友们一字一字地抄写在笔记本里，希望能够带出监狱公之于世。而 500 页的原稿则被大家悄悄分成了 3 份埋在了监狱的花园里。

1975 年，监狱要加强对犯人的隔离，在花园里要修建新的栏杆，施工的时候其中一捆书稿被发现了。曼德拉因此在随后的四年中被禁止读书。

但是多年的监狱生活没有拖垮他。在经历了残酷的考验后，曼德拉逐渐走向了人生的最高峰，最终成为南非历史上最受人尊敬的总统。

● 贝 利 ●

名人档案

　　贝利，原名埃德森·阿兰德斯·多·纳西门托，巴西足球运动员，生于体育世家，16岁入巴西国家队。他曾参加四次世界杯赛，三次为巴西足球队夺得世界冠军，至1977年引退，共参加1363场足球赛，踢进1281个球。他曾三次被评为"世界最佳足球运动员"，被誉为"球王"。

名家名言

1.我为足球而生，就像贝多芬为音乐而生一样。

2.好好地去爱那些爱你的人，他们属于你，你也属于他们。

3.好球在下一个！

名人故事

自助者人助——球王贝利

小小足球迷

　　贝利小时候家里特别穷，连鞋子都穿不起，他的父亲是一个混迹在足球场上连家都养活不了的球员，他的母亲自然不希望自己的孩子走丈夫的老路。

　　贝利却因为小时候总被父亲带到球场玩儿，所以很小就迷上了足球。每次从球场回来，他总会向母亲讲白天足球场上谁进球多，球传得如何漂亮，谁又被罚了，谁又犯规了……可是母亲却心事重重地说："唉，足球赛是好看，可是球员如果踢不好可就惨了。"小贝利却自信满满地说："妈妈，我会踢得很棒的。妈妈你就放心吧。"

　　家里因为没钱给他买足球，小贝利就把一只大袜子塞满破布或旧报纸，再扎紧袜口，这就成了他和小伙伴们的"布足球"，就这样，光脚丫的贝利踢着"布足球"带球过人，铲球射门，每天在大街小巷玩得不亦乐乎。他不光踢他的"布足球"，可以说能被他当作足球踢的东西太多了，塑料盒、汽水瓶、椰子壳，就连别人扔掉的猪膀胱也成了他的足球。

意外的礼物

一天，他正在一个干涸的水塘里对一只猪膀胱猛踢的时候，被一个人看到了，这个人被眼前这孩子踢球时的专注神情深深地打动了，恰好他身边又带着一个新足球，于是就把它作为礼物送给了这位执着于踢猪膀胱的少年。

贝利意外地得到了他向往已久的礼物，他的惊喜自是不用说的。有心的他留意到这位恩人走进了附近的一处别墅，贝利真希望自己能报答此人的恩情。

当贝利拿着新足球回到家里的时候，一向严厉的父亲当然要问他手中的足球是怎么回事，贝利就同父亲说了，一家人很感动。圣诞节快到了，大清早贝利就拿了一把铲子跑了出去，他来到那个恩人的花圃里开始挖坑，就在坑快要挖好的时候，给他足球的那个人走了出来，他走上前，问这个汗流满面的小男孩儿在干什么。贝利不好意思地说："我接受了您的礼物，可是我却没有办法回报您，所以想在圣诞节的时候给您的圣诞树挖个坑。"朴实的小贝利深深地感动了这个人。这个人就是巴西的前国脚布里托。布里托让贝利明天还来这里，他要带贝利到自己的训练场去。

贝利的足球生涯就这样正式拉开了帷幕，此后他一路征战，为巴西队赢得了无数次荣誉，他在 22 年的足球生涯里共参加了 1363 场大型球赛，一共踢进 1281 个球，三次捧得世界杯的桂冠，其他奖就更多了，如 1987 年他被国际足联授予"金质勋章"，1999 年当选为"世纪运动员"。这些都是足球送给贝利的礼物，因为贝利喜欢足球。

比尔·盖茨

名人档案

比尔·盖茨，美国微软公司的董事长。与保罗·艾伦创办微软公司，曾任微软首席执行官和首席软件设计师，持有公司超过8%的普通股，是公司最大的个人股东。1995—2007年的《福布斯》全球亿万富翁排行榜中，比尔·盖茨连续13年蝉联世界首富。2008年6月27日比尔·盖茨正式退出微软公司，并把580亿美元个人财产捐给比尔和梅琳达·盖茨基金会。

名家名言

1.这世界并不会在意你的自尊。这世界指望你在自我感觉良好之前先要有所成就。

2.生活不分学期。你并没有暑假可以休息，也没有几位雇主乐于帮你发现自我。自己找时间做吧。

 **名人故事**

不甘落后的比尔·盖茨

比尔·盖茨童年时最喜欢做的事是反复看那套《世界图书百科全书》。他经常几个小时地连续阅读这本几乎有他体重 1/3 的大书，一字一句地从头到尾地看。

他常常陷入沉思，冥冥之中似乎强烈地感觉到，小小的文字和巨大的书本里面藏着多么神奇和魔幻般的一个世界啊！文字符号竟能把前人和世界各地的人们无数有趣的事情记录下来，又传播出去。他又想，人类历史将越来越长，那么以后的百科全书不是越来越大而且越来越笨重了吗？如果有什么好办法造出一个魔盒来，只有小小的一个香烟盒那么大，就能包罗万象，把一大本百科全书都收进去，那该有多方便呀。

这个奇妙的思想火花，后来竟被他实现了，而且比香烟盒还要小，只要一块儿小小的芯片就行了。

盖茨看的书越来越多，想的问题也越来越多。一次他忽然对他四年级的同学卡尔·爱德说："与其做一棵草坪里的小草，还不如成为一株耸立于秃丘上的橡树。因为小草千篇一律，毫无个性，而橡树则高大挺拔，昂首苍穹。"他坚持写日记，随时记下自己的想法，小小的年纪却常常如大人般深思熟虑。

他很早就感悟到人的生命来之不易，要十分珍惜来到人世的宝贵机会。他在日记里这样写道："人生是一次盛大的赴约，对于一个人来说，一生中最重要的事情莫过于信守由人类积累起来的，理智所提出的至高无上的诺言……那么'诺言'是什么呢？就是要干一番惊天动地的大事。"

他在另一篇日记里又写道："也许，人的生命是一场正在焚烧的'火灾'，一个人所能去做的，就是竭尽全力要从这场'火灾'中抢救点儿什么东西出来。"盖茨这种"追赶生命"的意识，在同龄的孩子中是极少有的。

盖茨所想的"诺言"也好，追赶生命中要抢救的"东西"也好，表现在盖茨的日常行动中。就是学校的任何功课和老师布置的作业，无论是演奏乐器，还是写作文，或者体育竞赛，他都会全心全意地花上所有时间出色地完成。

一次，老师给他所在的四年级学生布置了一篇关于人体特殊作用的作文，要求四五页的篇幅。结果盖茨利用他爸爸书房里的百科全书和其他医学、生理、心理方面的书籍，洋洋洒洒地一口气写了30多页。又有一次老师布置写一篇不超过20页的故事，盖茨浮想联翩，竟写出了长达100页的神奇而又曲折无比的故事，使老师和同学都十分惊讶。大家说他："不管盖茨做什么事，他总喜欢来个登峰造极，不鸣则已，一鸣惊人，不然他是不会甘心的。"

盖茨在体育和社会活动方面也表现出这种不落后的精神。

有一次暑假盖茨参加了童子军80公里徒步行军活动，时间是一个星期，他穿了一双崭新的高筒靴，显然新鞋不大合脚，每天13公里的徒步行军，又是爬山，又是穿越森林，使他吃尽了苦头。第一天晚上，他的脚后跟磨破了皮，脚上起了许多水泡。他咬紧牙关，仍坚持走下去。

第二天晚上，他的脚红肿得非常厉害，开裂的皮肤还流了血。同伴们都劝他停止前进，他却摇摇头，只是向随队医生要了点儿药棉和纱布包扎一下，又要了些止痛片服用，就继续上路了。就这样他一直坚持到一个途中检查站，当队医发现他的脚发炎严重，下令要他医治，他才终止了这次行军。盖茨的母亲从西雅图赶来，看到他双脚溃烂的样子时，哭了，直埋怨儿子为什么不早点儿停止行军。

盖茨却淡淡地说："可惜我这次没有到达目的地。"